街道ぶらり歩き

読む地図

笠松 治良

文芸社

まえがき

僕はこれまでの街道歩きを「一人旅」と決め、「同行二人」の相棒は常に己の影であった。困っても、迷っても、話しかけるのは自分自身であった。昭和一桁の戦中派、全体主義下に育った僕達は団体行動に慣らされていたが、戦後七十余年の今日、己の行動と責任は全て己に帰することを人一倍感じ取る習性に大きく変わった。「行くも帰るも」「進むも退くも」自分で決め、自分で責めを負う。「一人旅」の定めであり、当り前のことである。

僕は道に迷った時、一度だけ人に尋ねたことがあった。相手は自転車に乗った男子高校生だった。彼曰く二十分で着くはずの所に着いたのは約一時間後であった。教わった目印は間違っていない。だが自転車に乗って通い慣れた道だから出た答えだったのだろう。だからその高校生は全く悪くない。それ以来、よい地図を吟味、用意して、人には、特に自転車や車に乗った人には道を尋ねないことにしている。

今や九十歳を目前に、今までのぶらり歩きの集大成として、旅の大先達でもある俳人芭蕉翁の『奥の細道』を一巡りしようと奥州街道から足を延ばして更に北へ向かっている。全行程を歩くのは無理だとしても、余命と争いながら達成したいと思っている。

平成三十年夏　　　　　　　　　　笠松　治良

街道ぶらり歩き◆目次

奥州街道

水戸街道

日光街道

日光へ

「東海道ぶらり歩き」を終え、いろいろと思案の挙げ句、日光を選んだ。

順序から考えると中山道になるのだが、木曽辺りの険しい山道を含む六十九宿に少々辟易したのが本音である。江戸―京都間五三四キロで、古くは皇女和宮の他、女性の旅行者が存外に多く、全体的に利用度は大きかったと思われるから、断念したわけではなく、一息入れてからやがて実行したい。

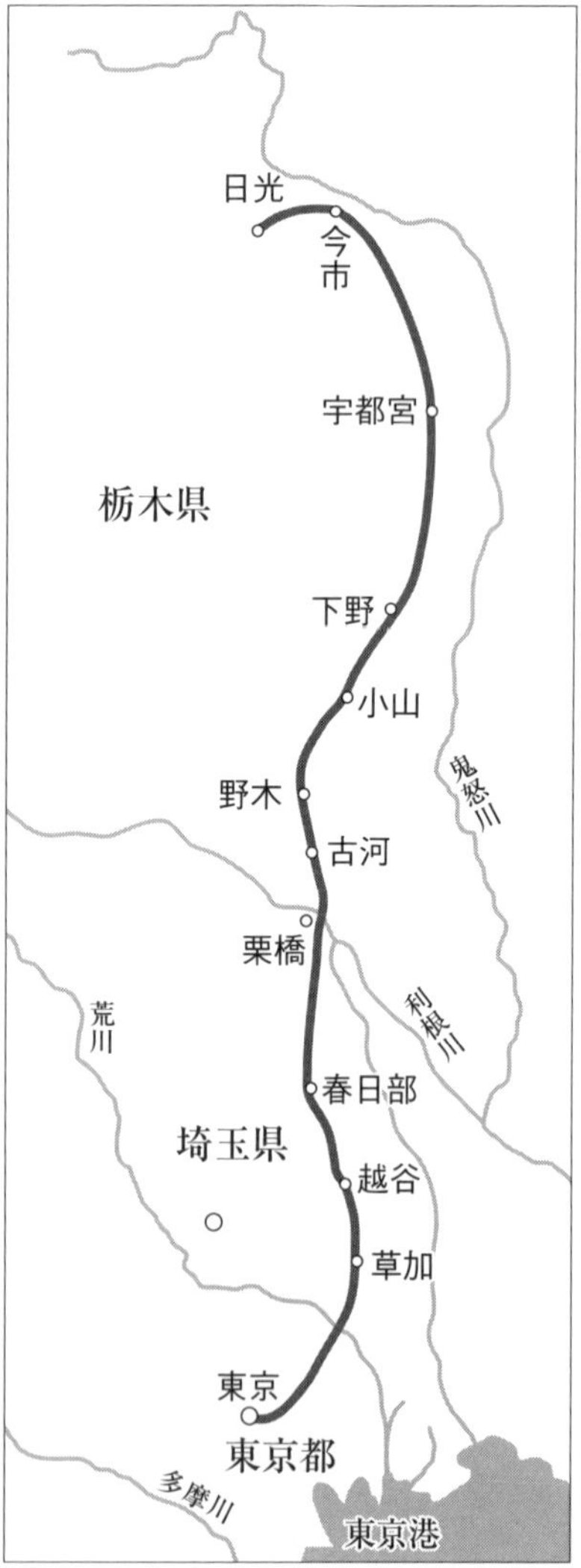

日光――。今スタートすれば、今年の紅葉時に間に合うのでは？　という思惑と、手頃な距離が魅力であった。

しかし決めてからの天候がなかなか安定せず、進路も定まらない台風13、14号を見送った。そして、九月二十二日は気象予報士も好天を保証しているのを朝のテレビで見て、それからの出発となった。

日本橋から千住までは度々歩いているので、出発点を南千住と決め、日比谷線で直行する。これに一時間半を要した。

千住から

つい一週間前、秋のお彼岸に浅草の菩提寺への墓参りを済ませた昼過ぎ、その足を延ばして南千住の回向院まで出かけ、近くの素盞雄《すさのお》神社に芭蕉翁の句碑があるのを確認していたので、旅の安全と成功を祈願するべく鳥居をくぐった。

浅草生まれの母の姉、つまり僕の伯母が千住に住んでいて、「せんじのおばちゃん」と呼んでいた子供の頃と空襲で東京の下町一帯が焼け出された時の古い記憶しかないが、千

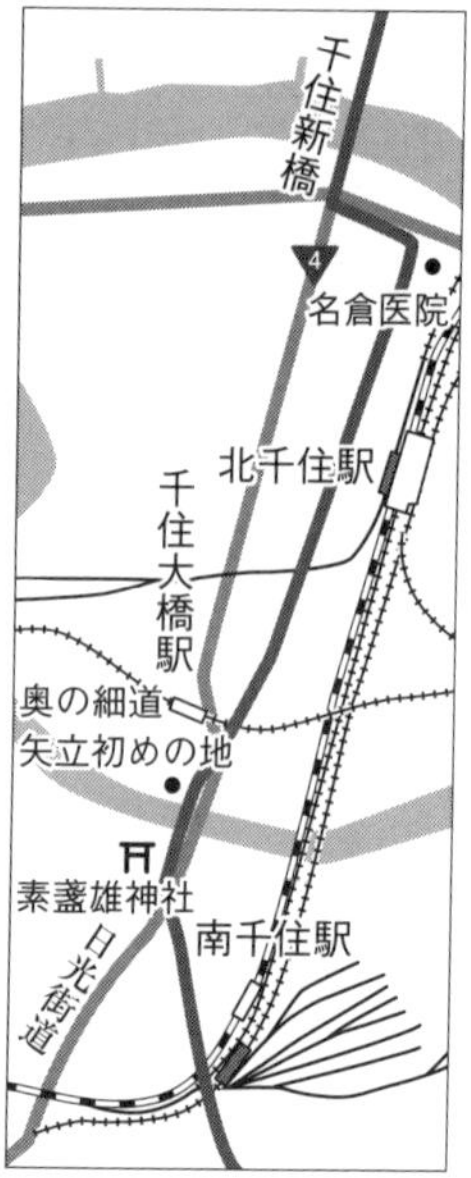

住は未知の地ではない。その頃の親達の会話の断片に、「小塚原《こづかっぱら》」だとか「首切地蔵」などの言葉があって、最近読んだ田中優子さんの『江戸を歩く』（集英社新書）で再会し、「千住」に懐かしさを覚えていた。

僕が辿る日光街道は幕府直轄の幹線道路、五街道の一つで「日光道中」と呼ばれ、宇都宮までは奥州道中と重なっている。そしてここ千住の宿は内藤新宿、品川、板橋と同様に江戸からの出口に位置する宿場であった。

現在、日本橋からは国道6号線の通称江戸通りから吉野通りを通って南千住に入り、日光街道と並行する国道4号線に合流する。神社は街道の合流点にあって、都会の喧騒の中にこぢんまりとした緑のオアシスの様を呈している。角が交番になっている。

さて、神社にある荒川区教育委員会の案内板曰く、

小塚原・三の輪・下谷通新町・三河島・町屋など、区内で最も広い地域を氏子圏とする鎮守で「てんのうさま」とも呼ばれる。

石を神として尊崇する信仰は全国各地にみられるもので、当社も石神信仰に基づく縁起

を有する。延暦十四年（七九五）、荊石《いせき》が微妙な光を放ち、その光のうちに翁の姿をした二神（素盞雄命《すさのおのみこと》・事代主命《ことしろぬしのみこと》）が現れて神託を告げたという。そのためその石は「瑞光石《ずいこうせき》」と呼ばれ、出現した二神を祭神として祀る。

宝暦年間《一七五一～六四》頃まで行われていたという千住大橋綱曳《つなひき》は、その年の吉凶を占う当社の神事で、『東都歳事記』（天保九年）にその雄壮な様が描かれている。

千住大橋綱曳
（『東都歳事記』国立国会図書館デジタルコレクション）

拝殿の右側に大銀杏の古木があるが、この神社境内は古来より「あすかの杜」と呼ばれ、『江戸名所図会』にも描かれている。この木の皮を煎じて飲むと、乳の出がよくなるという伝承を持つことから、絵馬を奉納祈願する習わしがあり、現在も続いているという。

絵馬が掛けられている周囲三・三メートルに及ぶ大銀杏の木の右に芭蕉の「奥の細道　矢立初めの地」の句碑がある。

千寿といふ所より船をあがれば
前途三千里のおもひ胸にふさがりて
幻のちまたに離別の
なみだをそそぐ「行く春や鳥啼き魚の目は泪」

神社の白壁の塀に、歌川広重の描く『名所江戸百景』の「千住の大はし」が掛かっている。

街道を歩き出すと直ぐに隅田川、千住大橋を渡る。

橋を渡りきった左手に大橋公園という小公園があり、真新しい標石が立つ。

「奥の細道　矢立初めの地」の石碑

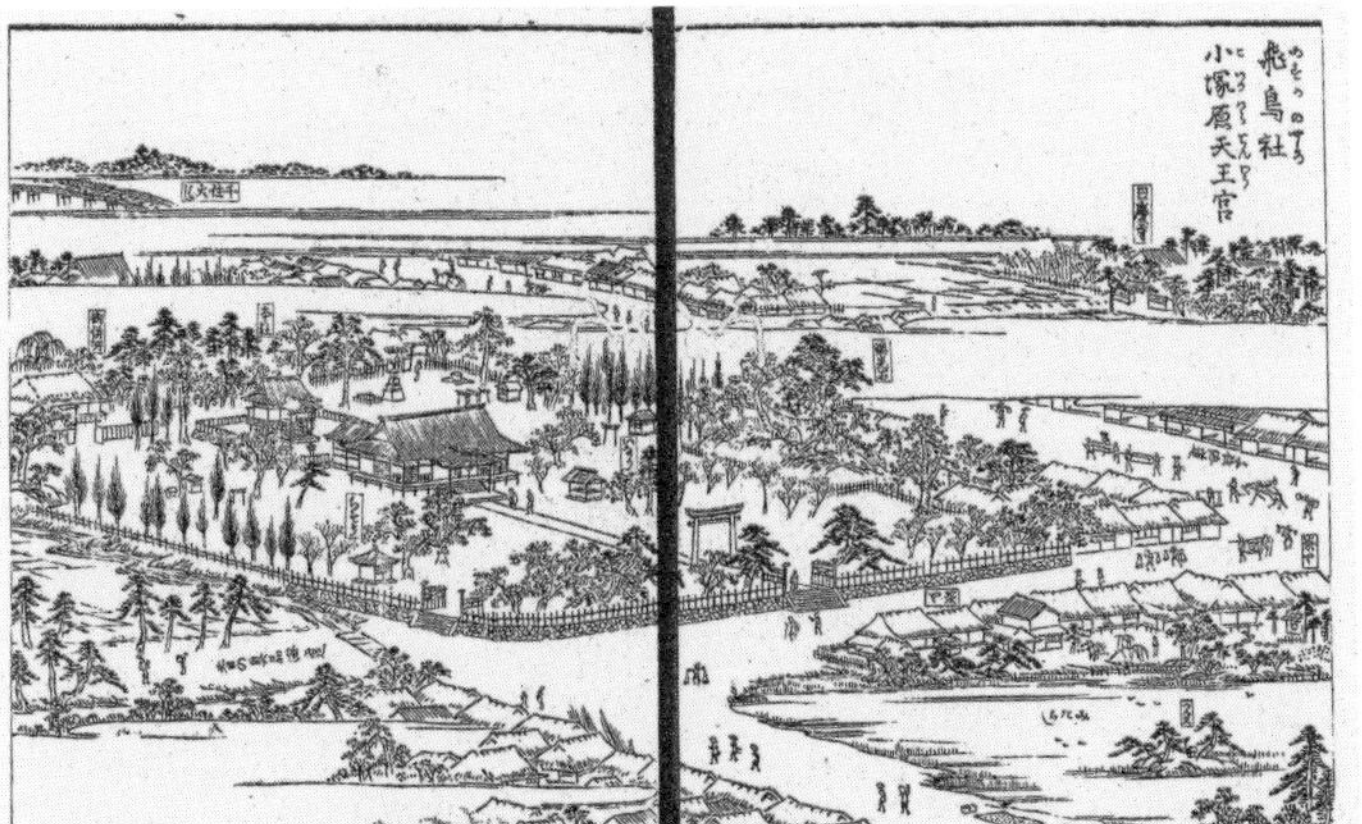

飛鳥社　小塚原天王宮

（『江戸名所図会』国立国会図書館デジタルコレクション）

公園の真裏の川沿いにも小さな空き地があって、護岸の石垣を白いセメントで屏風状に塗った場所に「与謝蕪村筆『奥の細道図屏風』」と広重、北斎の千住を描いた絵が大胆、見事に再現されている。

「千住の大はし」
(『名所江戸百景』国立国会図書館デジタルコレクション)

道は二股に分かれ、国道4号線は左を直進して千住新橋に向かうが、旧日光街道は右の道に入って河原町、仲町と進み商店街を通る。その街角の左側の歩道に「高札場跡《こうさつば》」の石柱を見つける。喫茶店の前である。そして「一里塚跡」も右側角にあった。通りを越えて左には〈東京芸術センター〉という二十二階のビルが聳えている。その足下に「問屋場《といやば》跡」を発見した。

この道は宿場通りと名付けられ、JR北千住駅と南北に平行していて、そこはいかにも東京の下町で活気のある街である。昔風に言えば、下駄履きの買い物客で賑わっている。そのまま進むと右側に百数十年間、風雪に耐えてきた古民家、横山家住宅がある。伝馬《てんま》屋敷の名残という。昭和十一年に改修が行われたというが、江戸時代後期の母屋はどっしりとした桟瓦葺の二階家である。

更に進み、荒川土手に着く直前の右手に「名倉医院」がある。江戸時代から昭和中期まで盛業時の医院の建物が保存されていて、昭和五十九年には区の史跡となった。

名倉医院は江戸時代以来、骨つぎといえば名倉、名倉といえば骨つぎの代名詞になるほど、関東一円に知られた医療機関であった。下妻道に面し、旧日光道中や水戸佐倉道分岐点を間近にして便がよかったので駕籠《かご》や車で運ばれてくる骨折患者がひしめいていたという。

（足立区教育委員会）

（後略）

一里塚跡

千住宿

「ほねつぎ」の名倉医院

荒川土手から千住新橋を渡る。ここから少時国道4号線上を進み、旧道は梅田の信号で斜め右へ再び分かれる。梅島で東武線のガードを過ぎ、島根で環七（環状7号線）を渡ると六月町《ろくがつちょう》になる。島根から六月町にかけて島根藩がいたのであろうか、島根鷲神社があり、「為　島根旧跡千住堀顕彰建之」があり、「将軍家御成橋　御成道松並木跡」の標石が路地の角に立つ。

やがて道は竹の塚に入り、広大な竹の塚団地を抜けるように右折して保木間《ほきま》で国道4号線に再合流する。直進して水神橋で毛長川《けながかわ》を渡ると埼玉県草加市である。

草加へ入る

橋を渡り草加市へ入ると、目に付き出したのが「草加せんべい」の看板である。面白いのはどの店にも「本場の本物」の四角い、新聞紙大のポスター。「草加せんべい」はせんべいの有名ブランドで全国どこへ行っても売られている。ここで買えば間違いなく「本場の本物」だろう。

老舗も多いらしく、古典的な店構えが多く、中には店先に米俵が積まれ、こしひかりなどのブランド米の木札まで立てられている。

日本人とせんべいは切っても切れない関係にあるのではなかろうか。ポップコーンとアメリカ人と同じかも知れない。僕にとっても海外へ出る時の必需品であった。街道の茶店の「おせんさん」が売れ残りの団子をつぶして焼いたという俗説はともかく、よい水、よい米、よい醤油があってできた日本を代表するスナック菓子ではないか。

東武線の駅からあまり離れていない県道49号線が日光街道で、北へ進んで神明町の信号脇の一角に「草加せんべい発祥の地」と彫られた大きな標石が立つ。

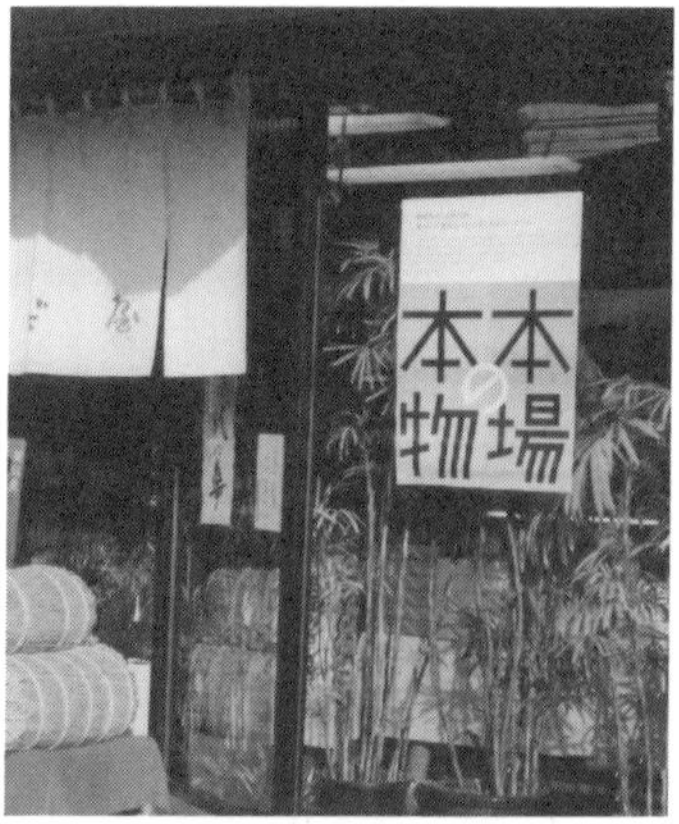

草加煎餅の店先

旅姿の芭蕉翁の銅像

「草加せんべい発祥の地」の石碑

矢立橋

その少し先の右側に「札場河岸《ふだばがし》公園」があり、入口には旅姿の芭蕉翁の銅像が立っている。ここから右手の綾瀬川に沿って「草加松原遊歩道」が一キロ半ほど続く。途中で東西に走る県道と二ヶ所で交差するが、環境に相応しい石造りの和風陸橋が架けられていて矢立橋と百代橋と名付けられている。橋上からの松原の眺めは素晴らしい。

草加松原遊歩道

やがて一キロほどの町並みが続き、綾瀬橋で綾瀬川を渡る。その辺りから蒲生《がもう》となるが家並みは絶えない。ある程度の田園風景を予想していたが、まだまだ都会の延長が続く。

左に地蔵院、その先の右手に慈眼山清蔵院という真言宗智山派、天文三年（一五三四）開山というお寺がある。寺門の欄間の竜の彫り物が左甚五郎の作と言われ、その由来を記した案内パネルがある。

寺の前の通りを「蒲生茶屋通り」というが、綾瀬川沿いにあった「藤助河岸《とうすけがし》」の立場《たてば》まで続くわき道だったらしい。藤助河岸を訪ねて綾瀬川沿いに一キロ近く逆行してしまったが、蒲生大橋の脇に「蒲生の一里塚」を見つける。日光街道筋に現存する唯一の一里塚と言われる。その目と鼻の先に「藤助河岸跡」もあって、釣り人が二人、綾瀬川に糸を垂れていた。ここは草加松原へかなり戻った場所で、日光街道の対岸だった。

蒲生の一里塚

越谷から春日部へ

もと来た道へ戻り、そのまま町並みの切れない舗装道路を直線で進んでＪＲの南越谷駅脇のガードをくぐり瓦曽根《かわらぞね》に入る。市役所のある越谷市の中心に近づく。左に越谷駅を見て平坦な市街地を進むと、やがて元荒川橋で元荒川を渡る。この辺りの総鎮守、香取神社を過ぎ、大沢、大房、大林そして大里《おおざと》を通り、下間久里《しもまくり》で国道4号線のバイパスをくぐる。関東平野のど真ん中で土地の起伏が全くない。東武線せんげん台駅周辺には千間台地区が広がり、真っ直ぐな日光街道が延びる。県道80号線とクロスするが、

備後の一里塚

左に岩槻、右に野田がある。

　街道は備後南から備後北へ走るが、備後東四丁目付近で一里塚跡の石碑を見る。新しいものらしく「史蹟備後一里塚跡」とあり、道端の民家のブロック塀脇に立っていた。後方の木に残る数個の柿の実が西日に照り輝いていた。

　この街道には道標や碑が少ないから、どうしても旧街道のイメージが湧かない。東海道と較べるからだろうか。

　備後は縦に長く、東武線の一ノ割駅付近で緑町になり、やがて東武野田線のガードに出合う。更に進むと街道は三叉に分かれ、旧街道は直進して埼葛橋で大落《おおおとし》古《ふる》利《と》根《ね》川《がわ》を渡って杉戸から幸手に向かう。

　僕は県道2号線を左に曲がって春日部駅を中心とする市街に入ってみた。この2号線をかすかべ大通りという。何故か春日部と粕壁が入り混じっている。後者はいかにも古いが、市の紋章は「春」の字がデザインされている。数は少ないが白壁の土蔵のある古民家が点在していた。

県道2号線は春日部駅前の交差点で右に折れ、モダンな古利根公園橋で川を渡る。新たに造成した区画らしく、新旧建築の入り混じった町並みは案外不自然ではない。三つ目の交差点で先刻分かれた日光街道と出合って左折する。

少し行って左側に面白い道標を見つけたが正面の文字は判読できない。左側には「左日光道」と読めた。かなり古い。その道の片側には古い木造の塀が長く続く。

道標

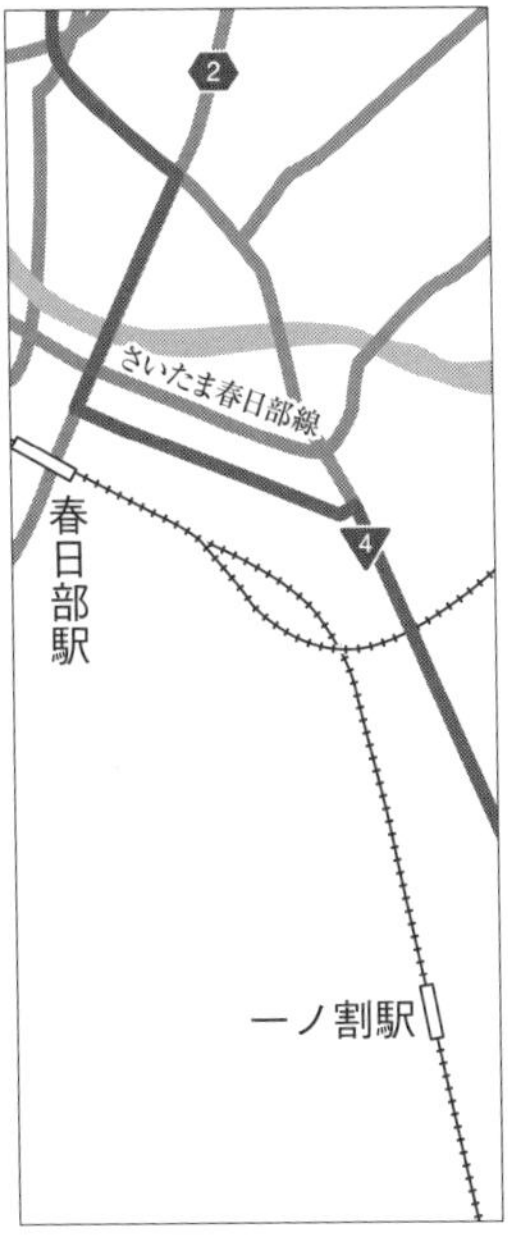

杉戸・ラスベガス・テヘラン

やがて街道は国道16号線と交差する。16号線というのは遥か三浦半島のはずれから横浜を通り抜け、八王子から横田の脇を通り、果ては柏から千葉の稲毛、木更津、富津に通じる、南関東では有数の動脈的国道である。それがここ小渕で日光街道を横切った。

小渕には古刹観音院がある。立派な仁王門を擁し、全木造の本堂は誇り高く鎮座する。この街道に寺社が少ないせいか、より稀少価値を感じさせる。

そのまま進むと杉戸の町に入る。杉戸町の入口に「すきすきすぎーと36」のアーチがある。これは杉戸町が北緯三六度線上にあるからだと後でわ

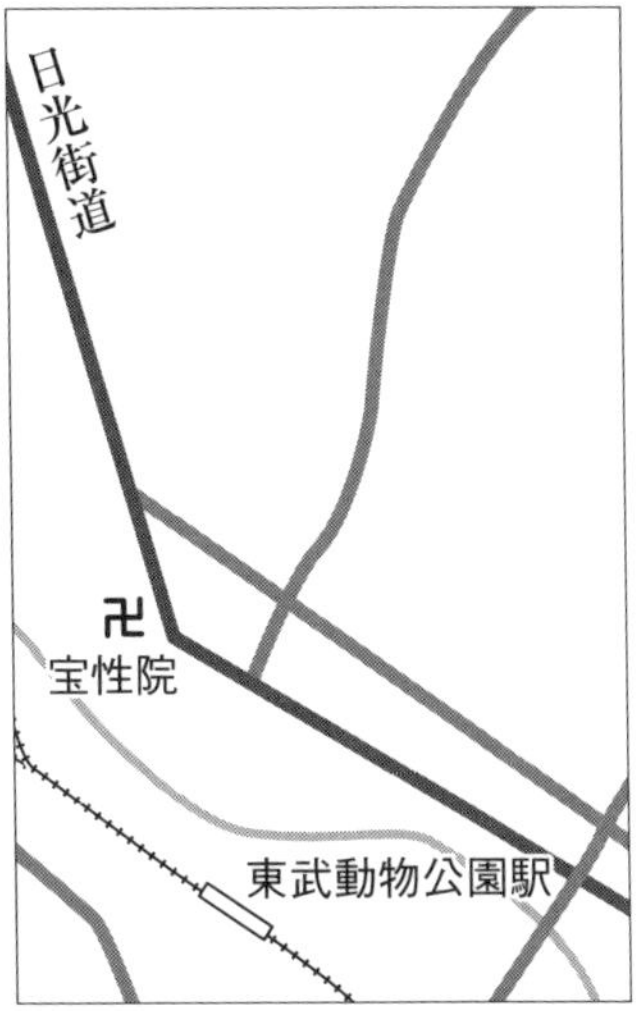

かった。小公園には石の地球儀があり、世界の三六度線上にある有名都市が刻まれている。ラスベガス、ジブラルタル、テヘランなどがそうであるのを知った。

4号線が二股に分かれて県道373号線が杉戸の町に入って行く。本陣跡地前と名付けられている四つ角があるが、肝心のそれらしい史跡や碑は見当たらず。「杉戸宿」という酒を看板にした造り酒屋は風格のある古民家である。町の中心部に「五十市」の幟が立ち並んでいるので、その根源を辿ってみると趣意書のポスターがあった。町おこし運動の一環で、主催者は杉戸町にぎわい創出協議会とあり、寛永十三年（一六三六）から毎月五《ご》と十《とう》のつく日に開かれていた市《いち》の復活だという。だから五十市《ごとういち》と読む。

町の中心に近い古川橋を渡ると東武動物公園駅がある。道沿いのあちこちの電柱に赤い線の印が付けられていて、次のような案内が記されている。

ここは昭和二十二年の洪水で利根川の堤防がこわれ赤い線まで浸水しました。

この洪水は台風がもたらしたもので、僕には忘れられぬ悲しい思い出がある。親友が大学の工学部から堤防の修復に参加していて、川に呑み込まれてしまい、帰らぬ人となってしまったのである。つらい戦時中を共に生き抜いて学業に就き、これからという時であった。合掌。

再び杉戸の町を抜けて国道4号線、日光街道へ戻る。途中、古民家や庚申塔、すぎと七福神の赤い幟の立った杉戸山宝性院には「第十五番　奥の細道関東三十三か所霊場」の真新しい石柱が門前に立っていた。

杉戸山宝性院

幸手から栗橋へ

そのまま日光街道を進む。城のようなパチンコ店やファミリーレストラン、新車・中古車のディーラーなどが続くうちに幸手市に入る。町は車の流れも多く、中心部と思われる志手橋の交差点では渋滞が見られた。県道65号線が旧街道で街中を直進し、国道4号線は弧を描いて北進する。幸手市は東に千葉県野田市、北東に茨城県五霞《ごか》町《まち》と接し、目指す栗橋は栃木・群馬との県境に近い。

日光街道は行幸橋《みゆきばし》で中川を渡るが、この堤は権現堂堤といい、全国的に知られた桜の名

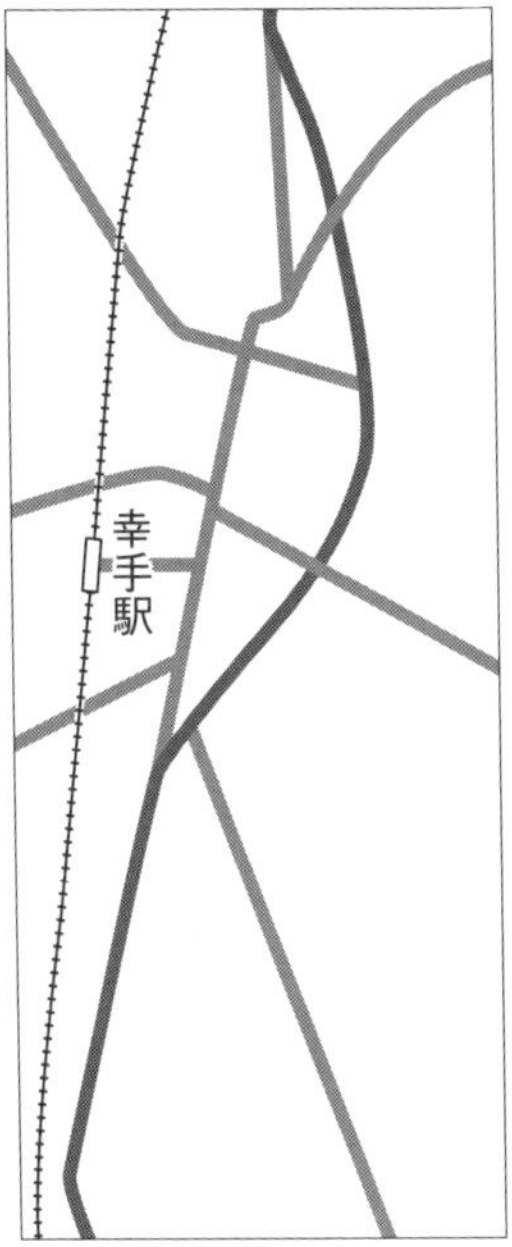

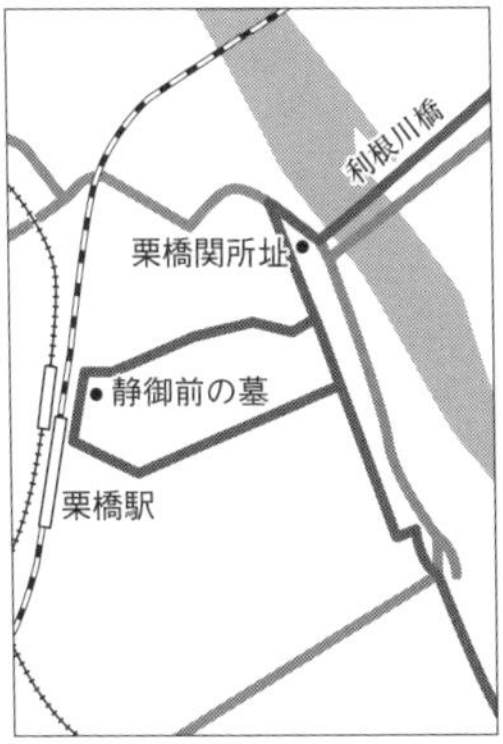

所である。また隣接する権現堂調節池は行幸湖と呼ばれ、県営公園として整備が進められているという。

橋を渡り、国道に沿って栗橋の街に向かう。内国府間《うちごうま》、外国府間《そとごうま》などという読み難い地名の村落を過ぎ、小右エ門陸橋の手前に一里塚跡がある。この一里塚は幸手宿と栗橋宿の中間で江戸から十四番目に当たる。

少しだけ街道から外れてJR栗橋駅に立ち寄る。その直ぐ近くに静御前の墓と言われる「静女之墳《しずじょのはか》」がある。人気もなく、ひっそりとしたたたずまいの墓所である。史実によると、奥州平泉の藤原氏を頼って京を落ち延びた義経を慕って京を発ち平泉へ向かった静は、途中の下総国下辺見《しもうさのくにしもへんみ》付近で「義経討死」の報を耳にして悲しみにくれ、仏門に入り義経の菩提を弔いたいと京へ戻ろうとした。しかし、悲しみと長旅の疲れから病となり、文治五年（一一八九）九月十五日、この地で死去したと伝えられている。この「静女之墳」の墓碑は関東郡代中川飛騨守忠英《ただひで》が建立したものとされている。「舞ふ蝶の　果てや夢みる塚の蔭」の歌碑は江戸時代の歌人坐泉《ざせん》の作を村人が文化三年（一八〇六）三月に建立したものである。実に意外なところで、意外な史跡に出合ったものである。

街道へ戻る道を辿って県道１４７号線を進むと福寿院がある。「くりはし八福神」の赤い幟が風に揺れ、寺の門前に福禄寿の石像が立つ。道は利根川の土手下に出て国道4号線

静女之墳

栗橋の一里塚

栗橋関所址

と並行して利根川橋に向かう。その土手の中腹に「栗橋関所址」の碑があった。栗橋関所は、日光街道が利根川を越す要地の「利根川通り乗船場」から発展した関所の一つで「房《ぼう》川渡中田関所《せんのわたしなかだ》」と呼ばれ、東海道の箱根、中山道の碓氷《うすい》と並ぶ重要な関所であったという。

県道が橋へ迂回する左手に八坂神社がある。神社縁起によると、利根川の洪水の時に濁流の中をたくさんの鯉と亀に囲まれて御神像が流れつき、村人が手厚くお祀りしたとあり、本殿前の狛犬の台座には左右に鯉と亀が立つ。何か語り部が語る、神秘的で且つ素朴な民話のように思えた。寛政十二庚申十二良辰と刻まれた庚申塔と常夜灯があり、名のある神輿の由来を記す案内板が立っている。

中田、古河

利根川橋は上り下りそれぞれ二車線が別々に架

坂東太郎を越える

かり、目算で七〇〇メートルはあって上下共にひどい交通量である。川面は穏やかで白鷺が舞うのどかさ、坂東太郎は静かに流れていた。ふと前年に渡った安倍川、大井川、天竜川など、東海道の大河を思った。

これより茨城県古河《こが》市となり中田宿である。元は日光街道と御成街道が幸手で合流し、栗橋で利根川を渡ったので、対岸に中田宿が設けられ、栗橋、中田の二宿で一宿の機能を果たしたと言われる。当時の利根川に橋はなく、渡し舟による房川の渡しといった。

坂東太郎を越える。この先街道は地平線も見える真っ平らな、しかも真っ直ぐな道となり、古河の市街地へと続く。

古河の町は新旧入り交じった感じの市街地で、新築の高層ビルに古い木造住宅、新しく造成された幅広い並木道と古い街道の趣がある道が交差している。「こが」という地名は、平安時代前期辺りから文献に見られ、平安時代末に源頼朝の御家人・下河辺《しもこうべ》行平《ゆきひら》が古河に初めて城を築いたと言われている。古河城は徳川将軍が東照宮参拝の折の宿泊場所にもなっていたが、明治・大正年間の渡良瀬川改修工事の

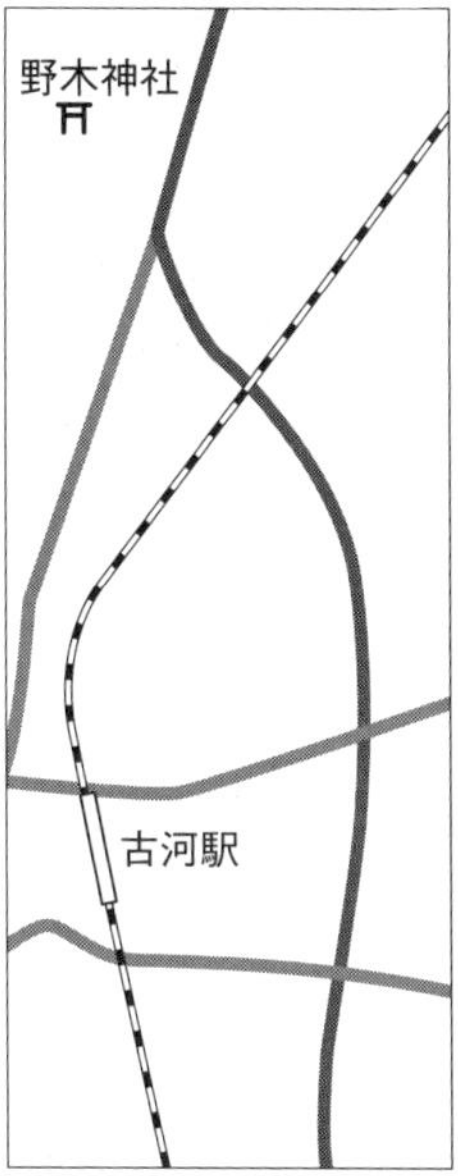

野木神社

ため、城郭の縄張りも失ってしまった（城としての建物自体はこれより前の廃城令で壊されてしまった）。街道沿いの商店街にはモダンな「日光街道古河宿」の幟がガス灯風な街灯柱にはためくが、宿場の名残はどこにも見当たらない。ただ、古風な呉服屋が多く目立つ。結城の町が近いせいだろうか。

街中を抜ける街道は県道２６１号線で、やがて野木の信号で国道４号線と合流する。その合流点の脇に野木神社の長い参道がある。古い寺社の境内に見る定番の眺めだが、ここの大銀杏の木には「公孫樹（大イチョウ）」の表示があり、その姿も珍しいものであった。「とちぎ名木百選」で町指定文化財とあり、野木町教育委員会の案内板によると、この大イチョウは、今から約一二〇〇年前（平安時代延暦年間）に征夷大将軍坂上田村麻呂が蝦夷討伐に成功し、凱旋の途中、野木神社に参りその功を奏でました。その奉賽として、神社を笠懸野台手函（現在の野渡大手箱）から現在の「身隠の森」に移築し、記念にイチョウの木を奉植したものと伝えられています。

この大イチョウには、婦人たちが乳が出て乳児が健全に育つように米ぬかと白布で作った模型の乳房で祈願する民間信仰があります。

とある。

出発地、江戸は千住の天王社の大銀杏にも乳に関する伝承があったのを考えると何か縁を感じるような言い伝えである。

野木、間々田、そして小山

国道を進むと野木町に入る。野木神社の少し手前で茨城県から栃木県に入る。ここは古河の次の宿場だが、残念ながらそれらしい名残はない。民家の生垣に「一里塚跡」の木札が立ち、「江戸より十七里塚の上には榎が植えてあった」のみであった。生垣の中の家の軒先に皮を剥いた柿の実がきちんと干してあるのが見えた。

　この街道にはそば屋が多い。いずれの店も特色を謳った看板が出ている。その一軒に入ったが、期待を裏切ることなく、東京では口にできぬ旨いそばを食べることができた。そば好きの人にはたまらない。

　ＪＲ野木駅への矢印が右にある信号は友沼《ともぬま》、更に進むと左手に若宮八幡宮を拝するが、隣り合わせに四方を開け放った小さなお堂があり、大日如来坐像が祀られている。坐像は宝永六年（一七〇九）に鋳造されたもので、武州江戸湯島渡部九兵衛が施主となり、その父母の供養のため、その生国である下野国都賀郡寒沢の地に安置したと伝えられる。戸外

野木の一里塚

濡れ仏様

に安置されていることから「濡れ仏様」と呼ばれ、親しまれている（小山市教育委員会）。

　この街道で古河から小山にかけて寺社が多く見られる。明王山尊勝院、高徳山満願寺、清光山浄明寺、絵唐山佛光寺、天恵山龍昌寺などなど。それぞれの寺に馬頭観音や十九夜供養塔が置かれていたのが心に残った。

　野木から次の宿、間々田《ままだ》まで約四キロは真っ直ぐで平らな道で、人通りの全くない自動車のみが行き交う道であった。ＪＲ間々田駅近くの一帯は乙女の町名で、少し手前の住宅地の街角に古びた道標が立ち「是より大平に至る」とあり、添え書きに「かつては日光への裏道」と記されていた。

　この辺りはすでに小山《おやま》市で、町並みの中に古民家が点在している。安房神社の近くで街道は二股に分かれ、県道２６５号線と国道は少し離れたまま小山の市街地に入って行く。
　駅近くの繁華街の中に須賀神社がある。須賀神社の歴史は古い。資料によると、天慶三年（九四〇）、将門の乱の時、藤原秀郷が勝利を祈って京都祇園社を勧請して祀ったと伝えられる。後に小山氏の守護神として保護され、近隣六十六郷の総社であった。慶長五年（一六〇〇）、徳川家康が会津の上杉景勝討伐の際、この神社に参詣して天下の統一を祈願したとも言われている。この神社の大神輿は五百貫（一八七五キロ）あると言われ、市内各地のお囃子連も盛んで、祇園祭りに合わせて小山市民の夏祭りが行われているという。

小山市役所前を街道、国道4号線が走るが、この辺りでは「評定《ひょうじょう》通り」と呼ぶ。市役所の敷地に市指定の文化財「史跡小山評定跡」がある。家康が会津攻めを中止して石田三成を討つことを決めた場所だとされている。評定通りと交差するのが駅方面からの「祇園城通り」で、角から一〇〇メートルほどの右側に「城山公園」がある。小山氏が築いた小山城の跡で祇園城とも言ったそうで、元和年間には家康の重臣本多正純が城主となった。公園下の思川《おもいがわ》に架かる橋は観晃橋《かんこうばし》といい、晃は日光を一字にしたものだという。

城山公園

宿場の名残のようなものは見当たらない。

小金井

どこまでも真っ直ぐな両毛線の上を跨ぐ辺りで町並みは切れるが、左手前方に二〇〇五年に閉園した「小山ゆうえんち」の観覧車が、活躍していた頃の派手な色を留めて分解されるのを待っていた。喜沢《きざわ》、羽川《はねかわ》と進むが、喜沢の信号で左に折れると県道18号線は通称壬生《みぶ》通りとして思川沿いを飯塚、壬生を経て楡木《にれぎ》で日光例幣使《れいへいし》街道に合する。やがてJR小金井駅前を通過、この辺を川中子《かわなご》という。

その街道に面してきれいに手入れをされた「小金井一里塚跡」がある。お隣にファーストフード店とコンビニが並んでいるのが面白い。塚は二ヶ所に盛り土がしてあり、草は刈

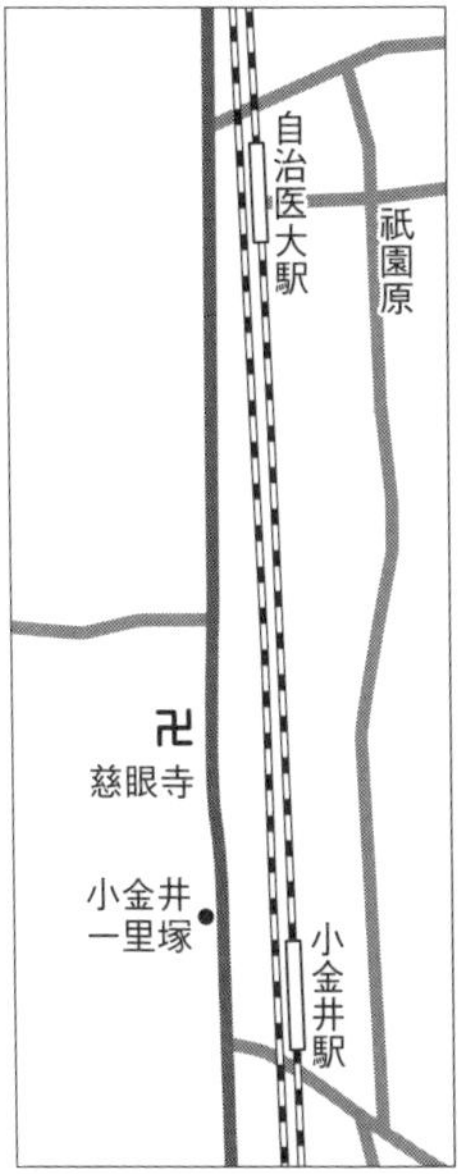

慈眼寺

られ、何代目かの榎の巨木が根を下ろす。江戸から二十二番目の塚である。

その少し先に歴代の将軍が宿泊したという慈眼寺《じげんじ》がある。風格のある本堂、鐘楼があり、境内随所に数多くの庚申塔や供養塔と最近立てられた観音像がある。

小金井で一里塚跡を見てから街道には特記するランドマークは全くなく、自治医大駅を過ぎて五〇〇メートルぐらいして道の右側だけにしばらく松林が続く。その辺りは祇園原と言い、途中右折すると南河内町の下野薬師寺跡に至る。この寺は奈良の東大寺、太宰府の観世音寺と共に日本三戒壇の一つとして隆盛を誇ったという。

石橋、雀宮を通って宇都宮へ

石橋にも宿場の名残はなく、街道はJR東北本線に沿って雀宮《すずめのみや》駅へ進み、宮の内で国道121号線と交差してそのまま宇都宮の市街地に入る。この辺りでは特産品のかんぴょうとなる夕顔の白い花が夏の夕暮れ時を飾る。

日光街道は市内で4号線から119号線となり、市役所、東武鉄道宇都宮駅、大型のホテル群やパーキングビルが集中する市の中心部を縦断し、栃木県庁近くで左折、今市、日

小金井一里塚跡

祇園原

光方面へ向かう。二荒山《ふたあらやま》神社も県庁に程近い。ここにも宿場の跡は殆ど見られず、むしろ城下町の気配が強い。地名にしても大工町や伝馬町など、静岡や豊橋で馴染んだ名前が多い。街中を田川が流れ、駅の近くで大きく湾曲し、大通りが宮の橋を介してＪＲ宇都宮駅と中心街を結んでいる。

市役所は銀杏並木の奥にあり、モダンな建物である。並木道への入口に当たる四つ角に天然記念物の石碑の立つ大銀杏があり、次のような案内板が掲げられている。

大いちょうは、宇都宮城の三の丸と百間堀の境の土塁の上にあり、宇都宮城ゆかりの名木である。今では、宇都宮市民のシンボルとして、多くの人々に愛されている。

宇都宮市は、一九四五（昭和二十）年の七月十二日深夜から翌日未明にかけての空襲で、中心市街地の約半分を焼失し多くの犠牲者をだしました。大いちょうも、この空襲により、真っ黒に焼けるほどの被害を受けましたが、翌年には、新芽を吹き見事に再生しました。空襲にも負けなかった大いちょうの強さは、戦後、焼け跡に残された宇都宮市民を勇気づけました。

そのことにより、大いちょうは、宇都宮の戦後復興のシンボルとなり市民に親しまれています。その後、市制九十周年を向（迎）えた一九八六（昭和六十一）年に、「いちょう」は、市の木に指定されています。

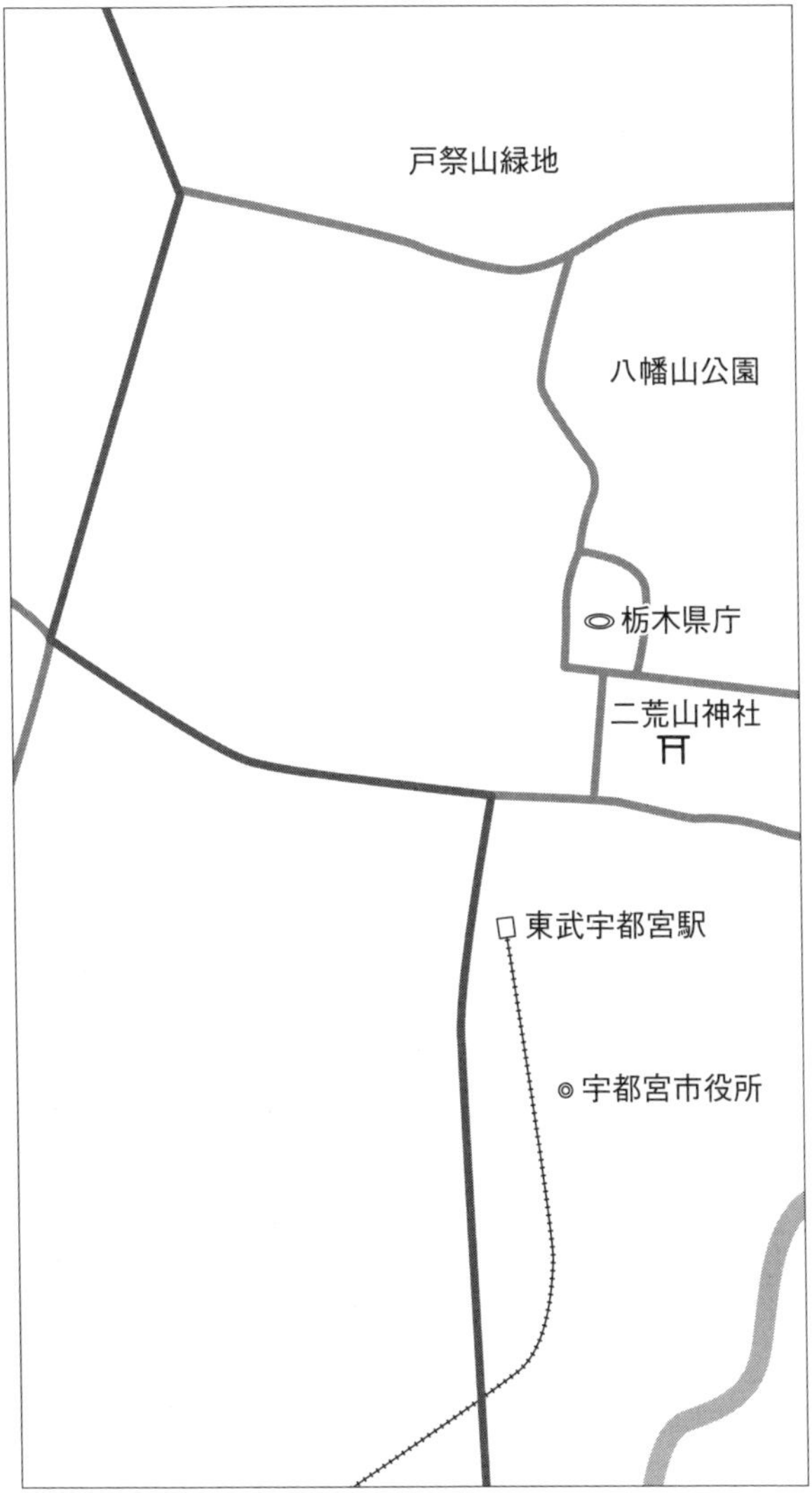

県庁はこの時、新庁舎の建築中で、ここの並木はマロニエだった。
現代の宇都宮は「餃子」が名物だが、江戸時代にはもちろんなかった。夕食に立ち寄った店で聞くところによると、戦時中に長く中国の東北地方に駐留した旧宇都宮連隊（陸軍

第十四師団）の将兵が、帰国後に大陸で馴染んだ味を復元したのが起こりだという。

　日光へ向かう前に市内の二荒山神社に参拝した。時は十一月、七五三を祝う家族が着飾ってお参りに来ていた。

大銀杏の案内板

二荒山神社

市役所とジャズフェスト旗

徳次郎宿

二荒山神社の正面、大鳥居の前を走る大通りを西進して市の中心部を横断、伝馬町、材木町を通って地方合同庁舎前の広い交差点で右折すると桜通りと名付けられた国道119号線は北へ向かう。

上戸祭からの並木道

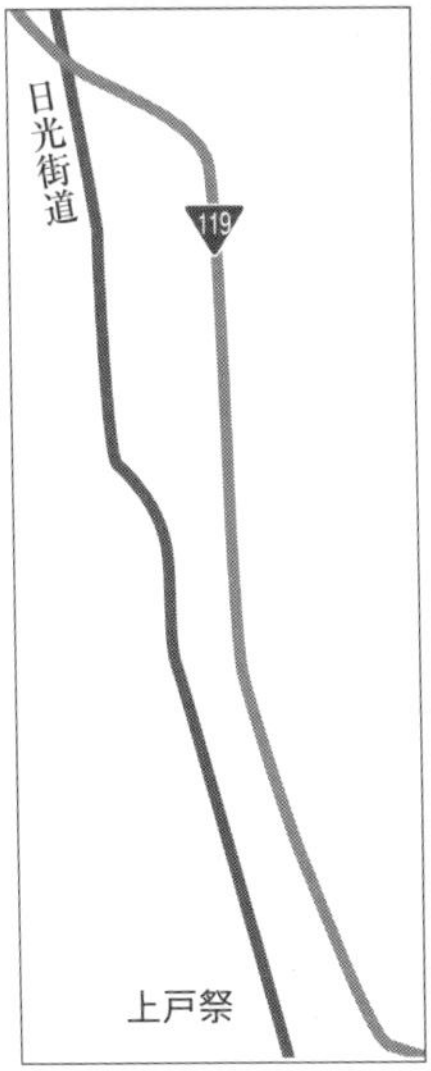

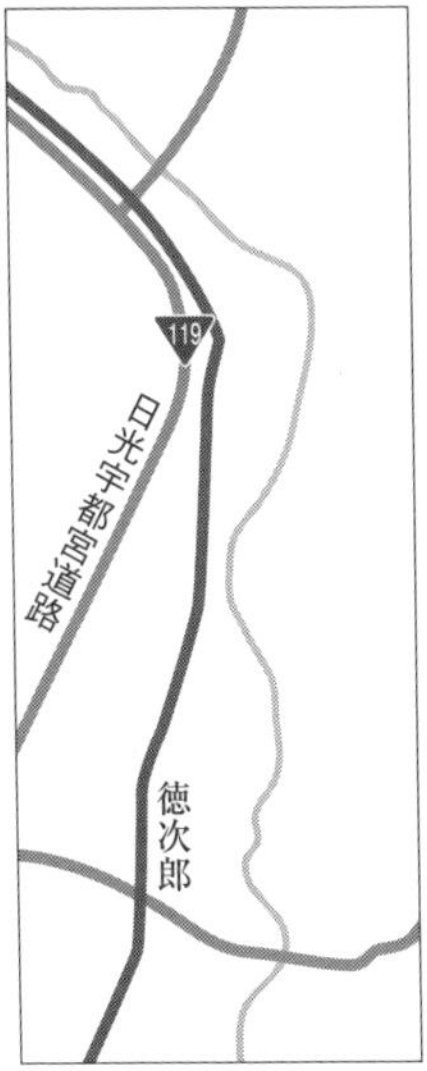

徳次郎宿はこの辺り

上戸祭の一里塚

道は戸祭《とまつり》へ入り、新里《にっさと》街道と二股に分かれて再び日光街道の看板が付く。

やがて二キロ半ほど進むと宇都宮環状線と交差する。横切ると直ぐに並木道となる。ここの並木は杉、桜、楓が入り交じり、日光の杉並木には及ばないが約二キロに連なり、その間、和風、洋風など、多彩なレストランが立ち並ぶ。更には文星芸術大や短大などの校舎もある。地方都市ならではの環境のよさを見た。

それらに交じって上戸祭の一里塚がある。この一里塚は宇都宮城下と次の徳次郎宿の間に位置して、江戸から二十八里であることを示すものである。

小さな釜川を弁天橋で渡る辺りで並木は一旦切れ、静かな町並みが続くが、やがて街道の左手に真言宗の光明寺の山門が現れる。古式ゆかしい地蔵尊の後ろに真新しい黒大理石に般若心経が刻まれているのが心に残った。また、「ぼけ封じ関東三十三観音霊場」の赤い幟にも心を引かれた。

野沢町、下金井町、上金井町と再び並木のトンネルが続き、やがて宿場のあった徳次郎町に入る。宿場の名残は見られないが古い手打ちそばの店、たまり漬の工場と売店などがあり、欅の古木のある徳次郎智賀都《ちかつ》神社などが並ぶ。神社の古木は県指定の天然記念物で樹齢約七百年、高さ約四〇メートルの欅二本である。

神社に沿って日光方面へ続く国道119号線の中央分離帯に平成十四年五月に植樹したという「徳次郎六本杉」が立つ。そこから少し進んだ所に文挟《ふばさみ》へ抜けて中山道倉賀野《くらがの》に至る日光例幣使街道との分かれ道がある。

篠井町手前で街道は大きく湾曲して石那田《いしなだ》町、山口、大沢を経て今市へ向かうが、バス停一里塚には十九夜塔の石仏があるだけで一里塚は見つからない。この辺りは「日本ロマンチック街道」と名付けられており、立派な木の看板が立てられている。また、りんご農家が多いらしく、りんごもぎ取りの看板や無人の売店が点在する。栗の木も多く、道端の枯葉には実の入った栗が沢山落ちていた。

今市入口の杉並木

大沢から今市へ

大沢から本格的な杉並木が始まった。街道の車道は並木の内側に上下二車線あるものの、歩道は並木の外側に沿って獣道のように続いているに過ぎない。好天とはいえ、初冬の午後五時近いから日は暮れている。走り去る車の灯りを頼りに約三キロの並木道を通過する。

今市の市街地まで三キロ地点まで来て雨が落ちてくる。森友のコンビニで雨宿りとなったが、雨はやがてパチンコ玉くらいの大きさの雹となり、雷鳴まで伴っている。この辺ではよくあるパターンだそうで、店の人達はあまり驚かない。六時を回り万事休すの状態。雨の上がるのを待つこと半時、ＪＲ駅付近のホテルへ投宿する。

快晴の朝を迎えて日光へ向け出発。前夜駆け抜けた杉並木は朝見ても黒々と通行人を見下ろしている感じである。

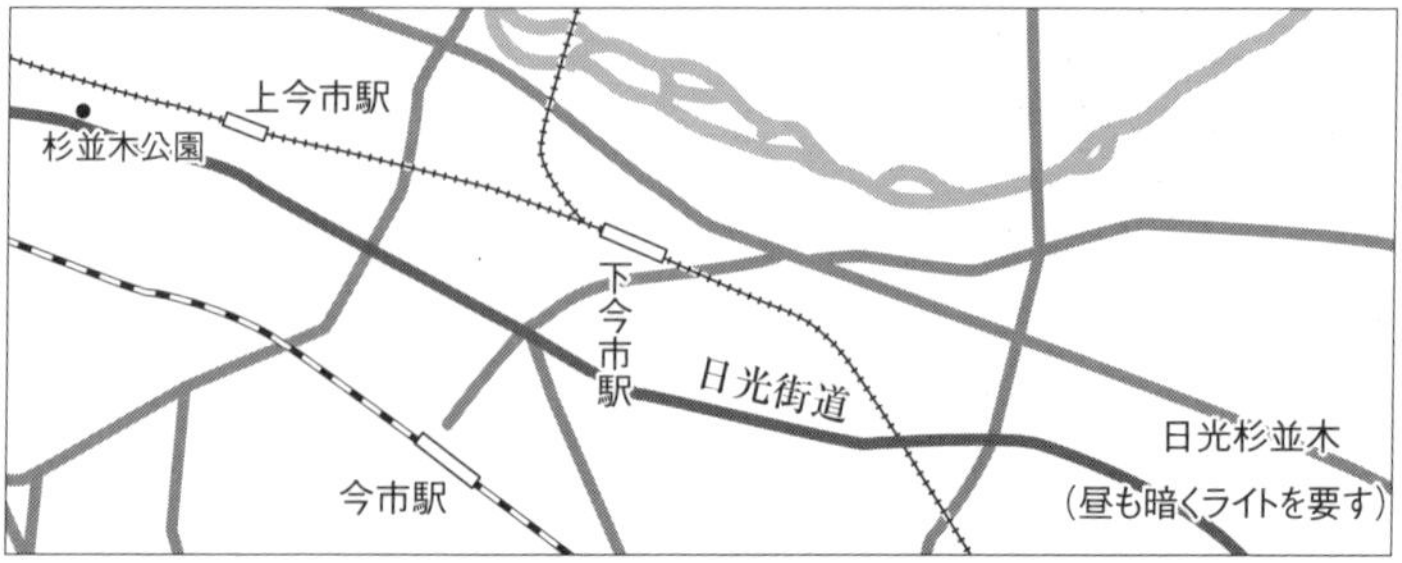

日光街道へ出て最初に出合ったのが「報徳二宮神社」、二宮尊徳翁終焉の地であった。江戸幕府は日光神領八十九カ村の再建に努め、二宮尊徳は幕府の命によりこの地に赴いている。

市内の街角に「いまいちの水」という湧き水があり、「おいしい水の由来」の立て札がある。近くに浄泉寺、如来寺があり、観光協会の〈今市宿市縁ひろば〉があって周辺の旧跡資料などが置かれている。

街道は左に瀧尾神社があり、そこから深い杉並木が始まる。ここは杉並木公園として特別保護、整備されている。並木は瀬川の辺りで終わるが、瀬川には三十四番目の一里塚跡がある。日光街道最後の一里塚でもある。

少し進んで野口、すでに日光市になる。やがて街道は昼なお暗い杉並木に再び入って行く。

いずれも立派な杉の木だが、中でも目立つ杉には名前があり、立て札が立っている。曰く、

今市の杉並木

並木太郎　日光市七里

並木の中で一番大きな杉であり周囲五、三五米、樹高三八米、材積三三、五立方米である。その姿の美しく端正なことより並木太郎と呼ぶにふさわしい名木である。

銀杏杉　日光市七里

杉の根元が銀杏の葉のように広がっており根張りの幅が八米余ある。この雄大な根張りがあれば樹木ばかりでなく大丈夫というところより別名「人生杉」と呼ばれている。

並木太郎

杉並木

日光に到着

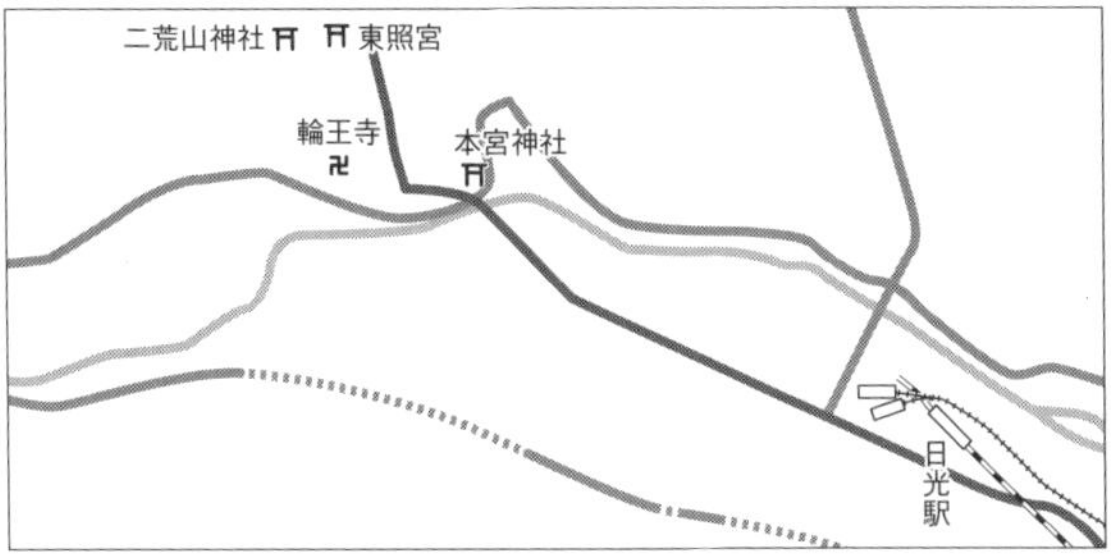

七里、宝殿の信号を過ぎＪＲの線路をくぐり、最後の短い杉並木を出ると右手にＪＲ日光駅がある。駅前の標高が五三三メートルだが、今市の町から上り坂の意識は殆どない。市内の上り道を歩いて約十分、東照宮前の神橋《しんきょう》に到着して日光街道全行程を終える。

残念ながら目指した日光での紅葉はやや早く、期待外れであった。千住を出てのぶらり歩き、計六泊の旅であった。道は宇都宮までは全くの平坦、東京都、埼玉県、茨城県、栃木県と南北を約一四〇キロである。

神橋

まとめ

「東海道ぶらり歩き」を七月末に終えて真夏の太陽から一時避難していたが、九月半ばを過ぎると、どうしても歩きたくなった。

彼岸の墓参りに浅草まで行った帰り道、少し足を延ばして南千住まで行ってみた。汗ばむほどの夏日だったが大人になって初めて訪れる千住にテンションが上がっていた。最初に回向院を訪ねた。お彼岸だから墓地内の先祖の墓を詣でる人も多く、線香の煙が周囲一帯に漂っていた。ねずみ小僧や高橋お傳など有名人の墓を一つ一つ見てから小塚原の刑場跡へ向かった。線路をくぐると延命寺があり、延命地蔵がある。別に首切り地蔵とも呼ぶ。

僕が千住へ来たのは何も小塚原を見に来たわけではない。日光街道へ入って行く江戸の出口を見にやって来たのである。

浅草から来た道、通称江戸通りは言問通りを横切ると吉野通りとなって、ＪＲ南千住駅手前でガードをくぐり、やがて素盞雄《すさのお》神社の前で日本橋から来る国道4号線と出合う。国道4号線が日光街道である。僕の辿る旧日光街道も概ね付かず離れずに北上する。

墓参のついでにこの素盞雄神社を詣で、境内にある芭蕉の「奥の細道矢立初めの地」に改めて立った。東海道では行く先々で芭蕉の足跡を見、最後に本人が望んだという大津の義仲寺で墓参も果たした縁である。

さて、資料で読みもしたし、土地勘もあったが、関東平野の真っ只中を北上するので、全体的に起伏のない平坦な道であり、川も利根川が唯一の大河であった。上りの勾配を意識したのは日光へ入って東照宮を目指した時のみである。宿場、問屋場跡、一里塚、常夜灯に道標が整備されていた東海道と比較するつもりはないが、残念ながら宿場の地名はあっても何の痕跡もない宿場が多く、いささか寂しい思いをせざる得なかった。

ただ、街道筋でそば屋を多く見かけ、立ち寄った数軒の店は全てが期待通りの美味であった。信州そばに対して野州そばという。また、杉並木の見事さは通らねばわからないと同時に、街灯がないから懐中電灯の用意が欠かせない。昼なお暗い杉の並木は歩行者にとって要注意である。

江戸からの五街道を順次ぶらり歩きしようと思っているが、七十五歳になってからスタートしているので、それだけの時間があるかどうかが疑問である。これから三番目の中山道に取り掛かるが、学ぶこと、新しい発見が多いのが嬉しい。

〔コラム〕一里塚

諸説ある中で起源は古代中国であることは確かだが、日本では室町時代からと言われている。

江戸時代に入り慶長九年、江戸幕府は日本橋を起点として街道の一里（三十六町＝約四キロ）毎に一里塚を設置し、五間（約九メートル）四方の塚を築かせ、榎や松を植えさせた。

万治二年（一六五九）には道中奉行を定め、五街道（東海道、中山道、日光道中、奥州道中、甲州道中）とそれらの付属街道を治めさせた。

塚は街道の両側に設けられ、旅行者の便宜、運賃決定の基礎などに利用された。

天保年間には東海道に百四ヶ所あったが、明治以降、道路の拡張などの理由で大部分が取り壊された。

御射山神戸の一里塚

街道歩きには自分の位置確認などに極めて有効且つありがたい存在でもある。

中山道の志村の一里塚

琵琶峠の一里塚

甲州街道

甲州へ

中山道を歩き終え、本になったのが一月。寒中だから春まで待とうと思いつつ、次の目標を甲州街道に決めた。

春のお彼岸が来て早めの桜が咲き始めた三月末、やはり日本橋からスタートした。半蔵門でも新宿御苑でも満開に近い桜を仰ぎながらの旅立ちだった。十一月に満八十歳を迎え、四十五宿のこの街道は無理のない日程で何とか完歩しようと思った。

東海道も中山道も共に終点は京都、それぞれが全く異なる長丁場だったが、甲州街道は四十五宿あるとはいえ、距離はほぼ半分の二〇八キロ。史料によれば江戸から甲府まで男の足で三日か四日で歩いたというから、諏訪まででも七日か八日だったのだろうか。現代の行政区割では東京都、神奈川県、山梨県と長野県の四都県でしかない。

上諏訪の友人には十月の終わりまでには着く予定だと知らせた。僕の流儀の有言実行、これがプレッシャーとなってくれる。

東京都が東西、横に長いのは地図で承知していたが、中央区に始まり千代田区、新宿区、渋谷区、世田谷区と都心を抜けても、今や調布市、府中市、日野市、八王子市と大東京の家並みは絶えないのだろう。多摩御陵を経て高尾から小仏峠を越えて神奈川県に入ることにする。

東京都だけで十三宿あり、神奈川に四宿、山梨に二十五宿、長野に三宿だから、大半の宿場は東京と山梨にある。

梅雨入り前に小仏の峠を越えたい。紅葉の頃は八ヶ岳の麓を歩きたい。長期予報で天候と気温の予測を気にしながら日程を作る。そのペースで歩けば、勝沼の葡萄の郷で丁度収穫の時期になる。行く先々の地図を準備し、参考文献を読みながら小学生の遠足前夜のように胸を弾ませる。

旅立ち

江戸からの出口は内藤新宿の宿だが、本当の起点である日本橋から歩き始めた。春の彼岸明け、平成二十一年三月二十六日である。ここからは東海道、中山道、日光街道に次いで四度目の旅立ちである。平年より早い桜の開花を二、三日後に予想する久しぶりの日当たりも、北風の寒気が高層ビルの谷間を駈け抜ける日本橋ではあまり暖かさを感じない。

　橋上の「日本国道路元標」から西へ向けて出発。中央通りを永代通りで右折し、呉服橋で外堀通りを左折、東京駅の地下道を抜けて丸の内側に出る。新しい丸ビル、新丸ビルを左に見上げながら和田倉門前に進む。左折してお堀に沿って日比谷通りを日比谷の交差点まで進む。この間、右側に馬場先門跡があり、堀端のまだ若い柳の木に新芽の緑が瑞々しい。

日本橋

日比谷見附跡

　日比谷公園に足を踏み入れると直ぐ目の前に「日比谷見附跡」の標柱が立っているのに気付く。都の案内板には、
　この石垣は、江戸城外郭城門の一つ、日比谷御門の一部です。
城の外側から順に、高麗門《こまもん》・枡形《ますがた》・渡櫓《わたりやぐら》・番所が石垣でかこまれていましたが、石垣の一部だけが、ここに残っています。

当時、石垣の西側は濠《ほり》となっていましたが、公園造成時の面影を偲び、心字池《しんじいけ》としました。

とある。

公園を出て内堀通りを進むと右手に桜田門がある。安政七年（一八六〇）三月三日、大老井伊直弼が水戸の浪士によって暗殺された場所としてあまりにも有名だが、その正面には警視庁をはじめ、法務省などの省庁が並ぶ。

坂を上りきると右手に半蔵門がある。服部半蔵の組屋敷があったので、その名が付けられたと言われる。

門に向かって左側に小公園があって三分咲きの桜が競い合うようにして咲く。皇居の周囲約五キロの公道は格好のランニングコースの故か、老若男女のランナーの姿が絶えない。

半蔵門前で直角に左折して新宿通りに入る。道の左右が麹町である。そのまま直進して四ツ谷駅に着く。線路上を越える陸橋の手前に土手と石垣の一部が残るが、この辺が四谷の木戸跡

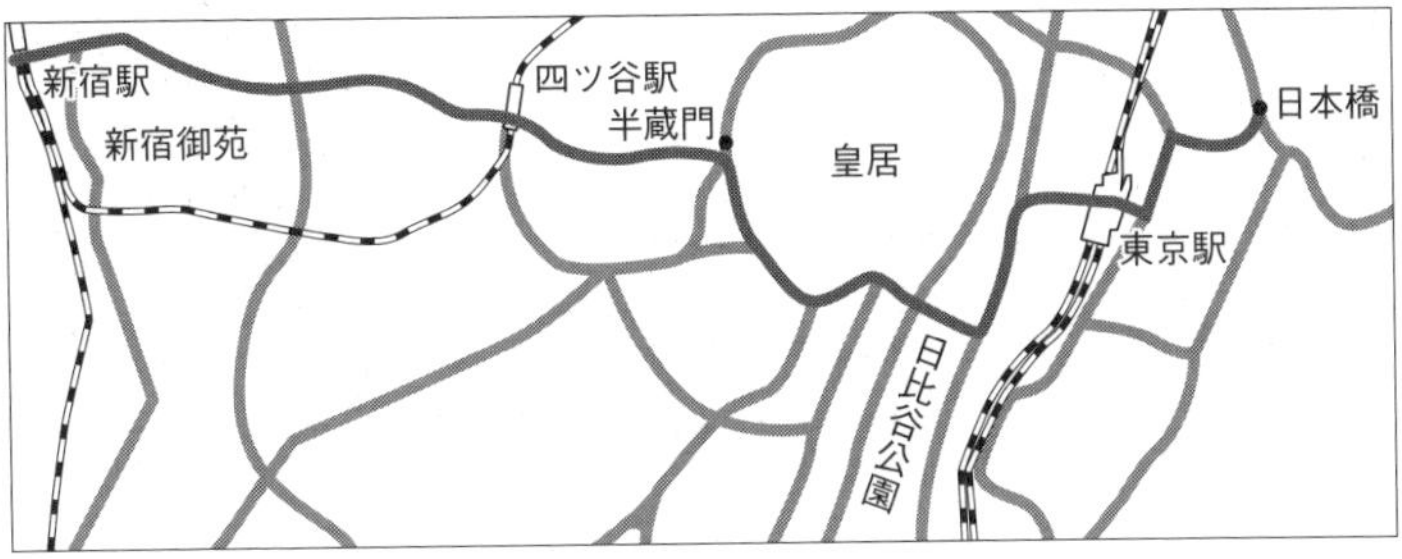

江戸城桜田門

江戸城半蔵門

四谷御門

らしい。橋を渡ると四谷見附の交差点である。ここは新宿通りと外堀通りの交わるところで、車の流れが激しい。そのまま新宿通りを直進するが、これは甲州街道の一部で国道20号線である。

四谷二丁目辺りで少し左へ入ったところに専称山安養院西念寺があり、半蔵門所縁の服部半蔵の墓がある。寺には半蔵が徳川家康から拝領したと言われる槍が保存されている。

四谷四丁目の左手に新宿御苑、大木戸門がある。今年は例年より一週間近く早く開花した桜を訪ねる人の波が続いていた。新宿御苑は信州高遠藩主内藤家の下屋敷があったところで、品川、板橋、千住と共に江戸四宿の一つとして栄えたようである。

江戸六地蔵（太宗寺）

服部半蔵の墓（西念寺）

新宿御苑の桜

御苑入口に高遠の桜の古木が華やかに人々を見下ろしていた。
新宿二丁目で街道から右に入ったところに江戸六地蔵の一つを祀る太宗寺がある。この寺は内藤家の菩提寺でもあり、地蔵は二メートルを超す大きなもので、僕は以前の街道歩きの際に、東海道で品川の品川寺《ほんせんじ》、中山道で巣鴨の真性寺を拝する機会があったので、今度で三体目の六地蔵になった。（因みに残りの三地蔵は、東禅寺〈台東区東浅草二丁目〉、霊巌寺〈江東区白河一丁目〉、永代寺〈現存せず〉にある）
街道は直進してJR新宿駅南口で線路を越え、右手に新都心の高層ビル群の林立するのを見る。やがて首都高速道路が二重、三重に渦巻くように巡るのを目にしながら十二社《じゅうにそう》通り、山手通りを過ぎ、京王線の初台、幡ヶ谷駅、更に中野通りを過ぎて笹塚駅の脇を素通りする。甲州街道は都心から放射線状に西へ向かって出て行くから、都を囲むように取り巻く幾つもの環状線を横切ってゆく。
代田橋近くに「玉川上水」の名残が見られるが、街道をく

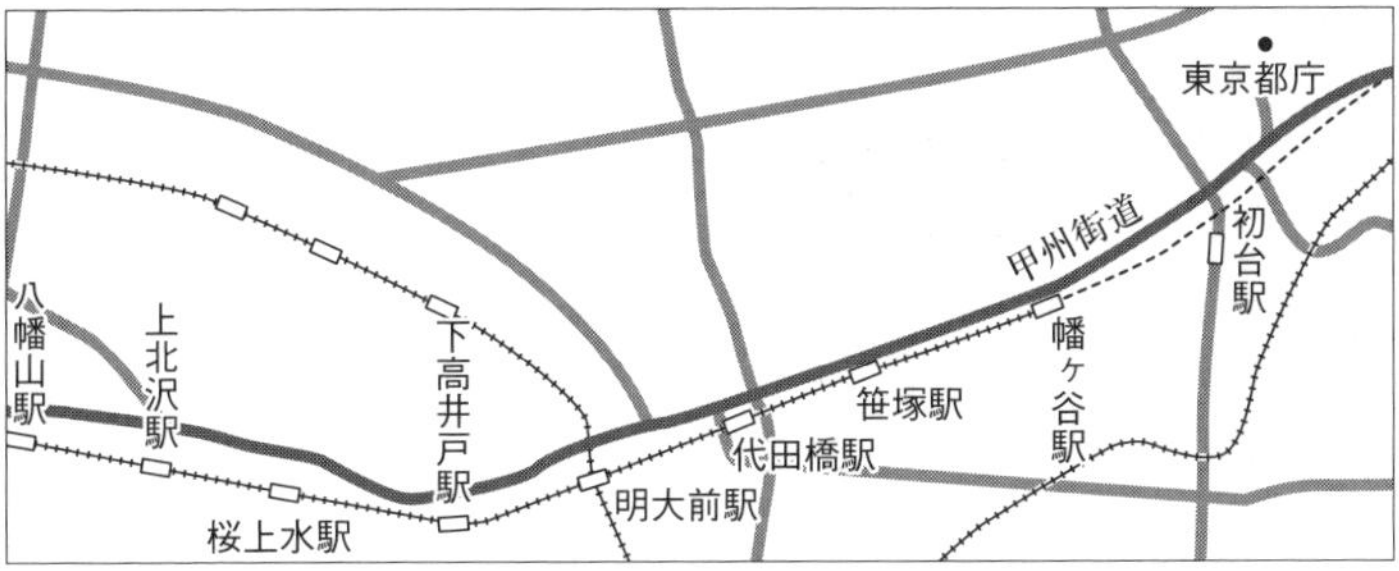

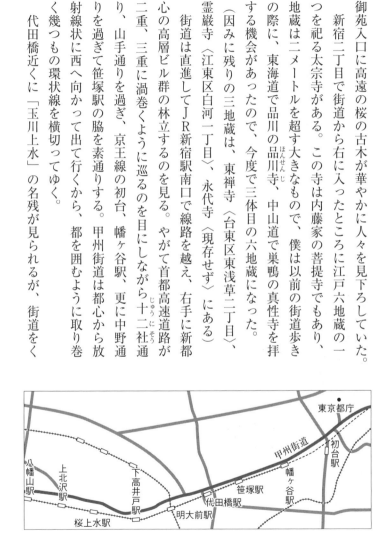

ぐると暗渠になってしまう。代田橋で環状七号線、通称環七通りを渡り、明大の和泉校舎を右に見て進むと下高井戸、桜上水へと続く。

下高井戸一丁目にバス停「一里塚」があるが、土地の方に尋ねても本物の場所はなかなかわからない。最後に古い店構えのタバコ屋さんで訊くと、バス停に近い歩道橋の下にあったことを教えて頂く。柱の一本でも建てておけばよいのにと思う。一里塚を探したお蔭で、上水を暗渠にしてできた細長い公園に咲く満開の桜を楽しむことができた。

甲州街道の上を通る中央自動車道が斜め右に分かれて行く分岐点の信号には「鎌倉街道入口」の道路標示が掛かっている。甲州街道は直進して環八通りを横切る。近くに蘆花公園がある。この辺りの街道は欅並木の新緑が瑞々しく美しい。

玉川上水

バス停の「一里塚」

仙川一里塚

仙川に至る間を給田と書くが、キュウデンとは読み難い。歩道橋に記されたローマ字のお蔭で読むことができた。給田は世田谷区だが仙川は調布市になり、駅前の賑わいはひと際高い。

今度は迷わずに交番で「仙川一里塚跡」を尋ねる。街道沿いのセブンイレブンの角にあると教えられ、街道へ出ると直ぐに見つかった。ただそれはコンビニの角の小さな石碑で、調布市教育委員会による一里塚のいわれ因縁が彫られている。「江戸日本橋を起点にして、五里（約二〇キロメートル）の距離にあり、甲州街道と三鷹街道の交差点にあたる」とあり、慶長七年（一六〇二）に江戸―甲府間に甲州街道が完成した後に築かれたものであるという。土地の古老などは今でもこの辺りを「塚」と呼んでいるそうである。

街道をそのまま直進、左右のあちこちに満開の桜が新緑の木々に交じって咲き誇る。滝坂を緩やかなカーブで下り、つつじヶ丘を過ぎると菊野台になる。この辺りにあるという妙円地蔵は見当たらぬまま通過して、左手にまだ新しい調布警察署のビルを見て、国道20号線は旧甲州街道と都道11号線（直ぐに119号線となる）とに分かれる。僕はあえて旧道を選んで西へ進んだ。

　やがて国領町で京王線国領駅近くを通り、五〇〇～六〇〇メートル先で布田駅前の信号に出合う。国領に始まり下布田《しもふだ》、上布田、下石原《しもいしわら》、上石原を布田五ケ宿と言い、それぞれが小規模であったことから五ヶ宿併せて一宿の役を果たしていたと言われる。因みに国領から上石原までわずか二十町（約二キロ）しかない。

　布田の商店街（不動商店街）を抜けたところに「調布のお不動様」と呼ばれる常性寺がある。医王山長楽院常性寺と言い、本堂脇に文政七年（一八二四）に建てられた馬頭観音と地蔵堂がある。この馬頭観音は甲州街道の小橋（現馬橋から西へ五〇メートル）の〝すてば〟にあったものを現在地に安置されたと言われる。なお、すてばとは馬などの埋葬地をいう。

　旧街道を進んで調布駅北口手前で右折して布多《ふだ》天神に立ち寄る。「布多天神社」と言い、延長五年（九二七）の延喜式

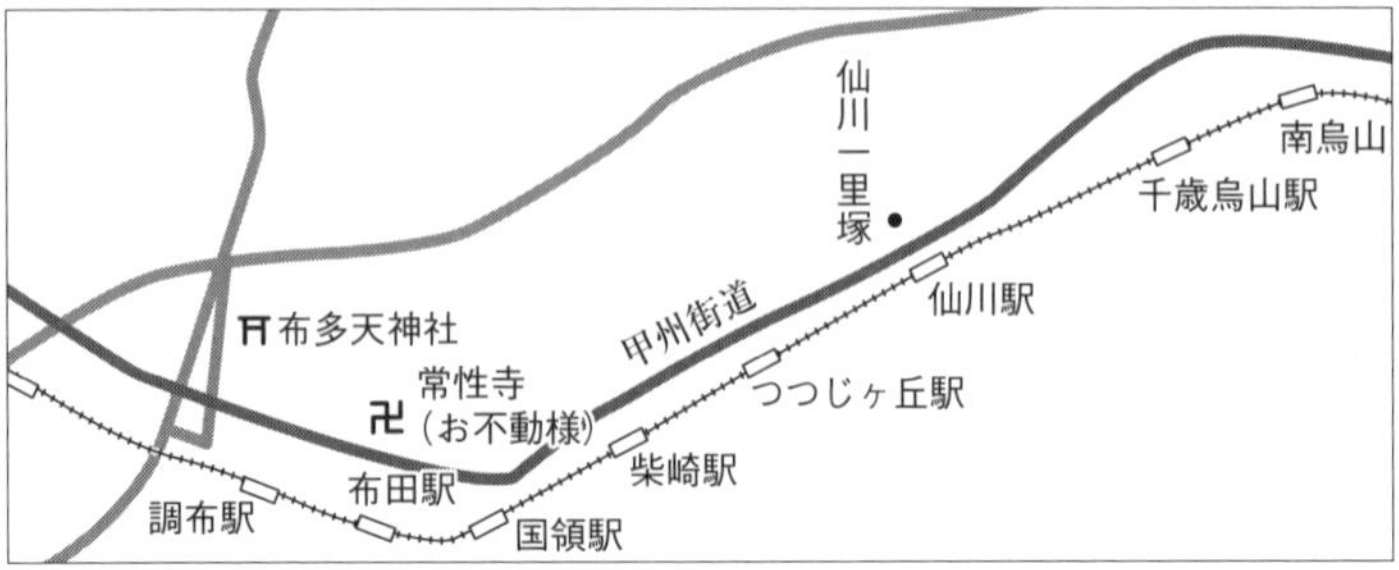

神名帳に載る古社で、格調の高い社殿が鬱蒼とした森の中にある。

もと来た道に戻り、調布銀座の商店街を抜けると小島町を経て鶴川街道を横切る。小島町では一里塚跡を探したが見当たらず通過する。この辺りは下石原で道すがらに常演寺に立ち寄る。

馬頭観音（常性寺）

布多天神社

そのまま進むと都道119号線は西調布駅近くで都道229号線と合流、駅前通りを越えると左手に、近藤勇縁《ゆかり》の天台宗長谷山西光寺がある。新撰組局長の近藤勇は上石原の生まれで三十五年の波乱に満ちた一生を送ったが、慶応四年（一八六八）、甲陽鎮撫隊を編成して甲州街道を甲府に向けて出陣した際、故郷の上石原で西光寺向かいの民家に休息、村人達に見送られて出発した。平成十三年、調布市の「近藤勇と新撰組の会」は没後百三十年を記念して坐像の建立を実現させた。往時、近藤勇を見送ったと言われる常夜灯の脇に、赤地に白で「誠」と染め抜いた新撰組の幟に並んでどっかりと坐った勇の像は真に迫るものである。

街道は飛田給《とびたきゅう》へ入る。左手に薬師堂があり、信号を直進するとやがて「車返し」と呼ばれるところへ来る。右に観音院、神明社があって西武多摩川線の白糸台《しらいとだい》駅脇を通る。不動尊前の信号を越えると左手に染屋《そめや》不動尊がある。

そのまま街道を西に進み、府中の市街地に入る。八幡宿の信号から道幅が広くなり、三〇〇メートルほどで大國魂《おおくにたま》神社前に

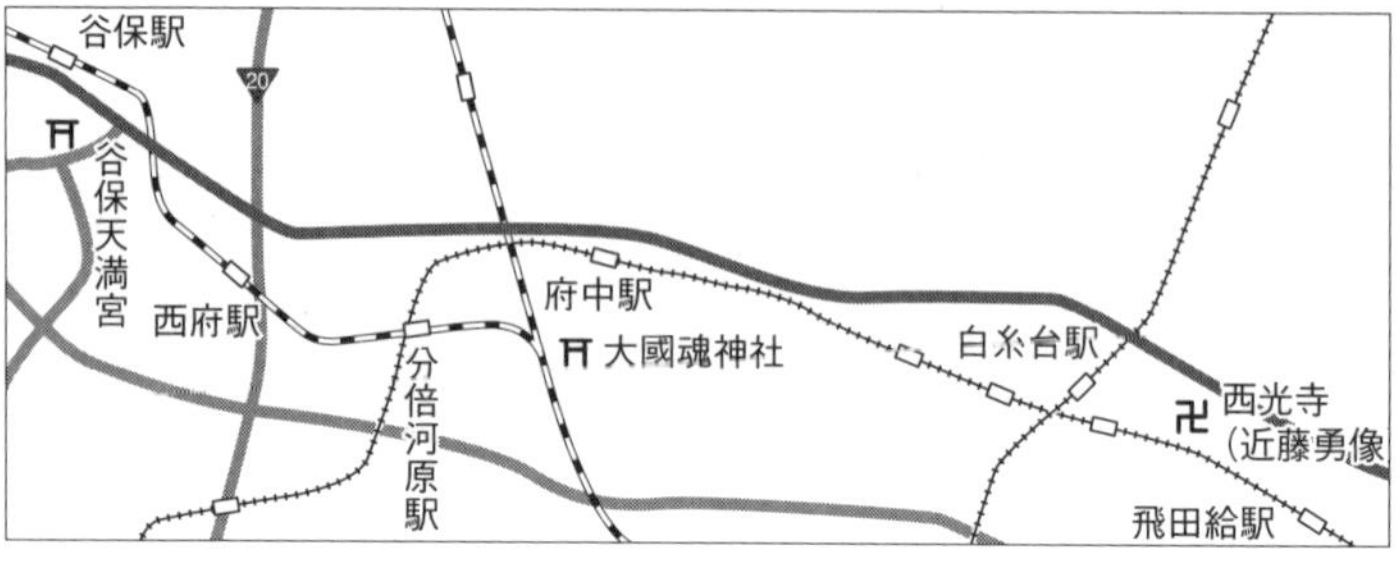

高札場跡

近藤勇坐像（西光寺）

大國魂神社

出る。その少し手前に「柏屋 SINCE 1789」という看板が酒屋の店の上に掲げられているのに気付いた。一七八九年と言えば、寛政元年に当たるから往時の脇本陣だったのかも知れない。

大國魂神社は武蔵国の総社であった。また府中とは古代律令期に設けられた国府の置かれたところの呼び名で、武蔵国の国司が仕官されたのは大宝三年（七〇三）のことである。甲州街道と鎌倉街道（現府中街道）の交差する宮西町角に高札場があり、今も原型が保存されている。その脇に真新しい甲州街道の石柱と並んで「府中小唄」が刻まれて立っている。曰く「六社明神さま暗闇祭りヨ　闇に旅所へ渡御なさる　あれは灯じゃない空の星　星さえ府中を出てのぞく」とある。

大國魂神社は左右の相殿に有名な神社六社を合祀しているので六所宮とも六社明神ともいう。この神社の暗闇祭は有名である。

高札場跡の筋向いに古い店があるが、中へ入ると蔵造りになっているコーヒー店であった。その名も「蔵」という。

片町へ入ると左手に龍門山高安寺がある。立派な二層の仁王門をくぐると本堂があり、門の手前、右側に観音堂がある。府中市指定の文化財である。

常夜燈

高安寺

谷保天満宮

南武線と京王線が交わる分倍河原《ぶばいがわら》駅脇で京王線の踏切を渡り、五〇〇メートルほど行くと国道20号線と再会する。本宿町《ほんしゅくちょう》である。この合流点の少し先に本宿交番のある交差点があり、交番の横に常夜燈の石灯籠がひっそりとたたずむ。

西府橋で南武線の線路を渡って少し行くと左へ折れる国立《くにたち》インターの入口があり、やがて左手に谷保《やぼ》の天満宮がある。南武線の谷保《やほ》駅は街道の右側、天満宮の反対側にある。東京都には保谷《ほうや》という地名がある。まるで関係ないが。

平坦な街道を更に進むと国立市となり、南武線の矢川駅近くを通る。この辺りは街道沿いに生け垣に囲まれた住宅が多く、歩道橋の脇にはコンクリートで囲まれた一角に首の欠けた地蔵や馬頭観音などが目に付いた。青柳の福祉センター脇にも常夜燈があり、「秋葉燈」と記された案内の石塔には次のように書かれていた。

この灯ろうは、火難除けの神を祀る秋葉神社に由来する火伏せの守りと、甲州道中の明かりとして建てられたと伝えられています。裏の基壇には「文久三年癸亥四月」（一八六三）と彫られています。かつては「ジョートミ」と呼ばれた回覧板が各戸に廻り、毎夕交代で灯をともしました。

「あぶらや」の屋号を持つこの屋敷地に保存されており、郷土の暮らしを伝える貴重な文化財です。

多摩川を渡る

日野橋の五叉路で国道20号線の甲州街道を進み、多摩川に架かる日野橋を渡る。川の中に突き出した小岩に大きくて真っ黒な川鵜が四羽、羽を広げて羽繕いに余念がない姿は春ののどかさを描く一幅の絵を思わせる。

川を渡ると緩やかに曲がる街道の左手に「ようこそ！『新選組』のふるさと日野へ」の立て看板が目を引く。その少し先を多摩都市モノレールが横切り、左に「甲州街道駅」がある。モダンなモノレールの車両がひどく場違いに感じられた。

そこから五〇〇メートルほど行くと左に日野警察署があり、更に五〇〇～六〇〇メートル進むと左手に日野宿本陣の看板と青い幟が風にはためく。甲州街道を歩いて初めて見る宿場の本陣跡である。日野市観光協会で管理運営されている。近くに新撰組関係の資料館の一つ井上源三郎資料館と、高幡不動に近い

多摩都市モノレール

川鵜のいる多摩川上流

石田に土方歳三資料館がある。本陣で入手した資料「甲州街道と日野宿」「日野宿本陣」に宿場の歴史、規模などが詳しく記されている。本陣の正面に日野市図書館があるが、その脇に問屋場跡と高札場跡の碑が立っている。本陣を出て街道に戻ると直ぐに八坂神社の前を過ぎる。ここにも「ひの新選組まつり」の大きな看板があり、五月十日にパレードがあると伝えている。日野駅前を街道から左に折れて直ぐのところに如意山宝泉禅寺がある。ここには新撰組六番隊長井上源三郎の墓がある。

街道へ出て八王子に向かう。道は緩やかに日野坂を上り、更に大坂を日野台まで上ると、街道の右側に日野自動車の工場を囲むカイヅカイブキの生け垣が続く。柊に似た葉には鋭いとげがあって垣根には絶好で、新芽の緑が美しく、垣根の中に巨大な車体工場があるとは想像し難い。

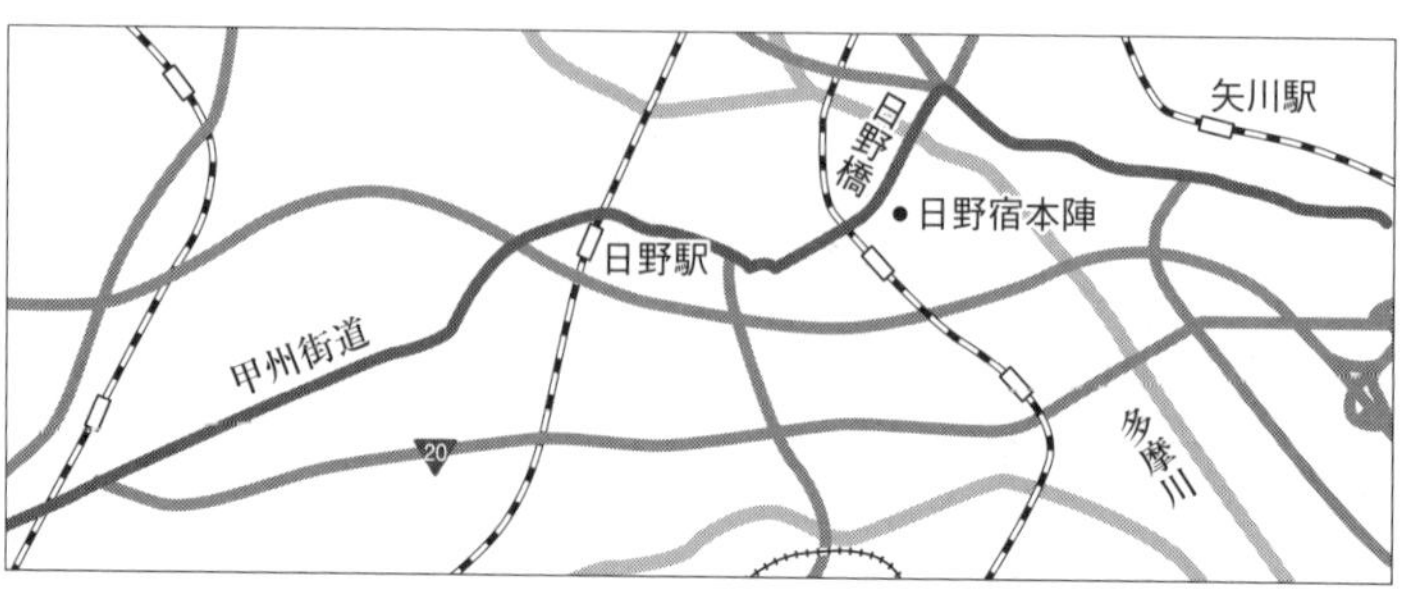

そのまま進んで高倉町に入る。やがて八高線の線路を越えて大和田町で国道16号線の八王子バイパスをくぐり、大和田橋北詰から多摩川の支流の浅川を渡ると八王子の市街に入って行く。

橋の手前の交番で大和田の一里塚跡を尋ねるが、地図を持ち出しながらも遂に不案内に終わる。橋を渡って右方向の公園にあるとの予備知識から公園の位置のみを確認して橋を

甲州街道で初めて見た本陣

問屋場跡と高札場跡の碑

宝泉禅寺

渡る。
　公園は二ヶ所にあった。最初の公園には見当たらず、かなり離れた「竹の花公園」で発見した。江戸から十二里の一里塚は永福稲荷神社のある公園の一角にあった。古くはこの辺り一帯が「竹の鼻」と呼ばれていたところから竹の鼻稲荷神社とも言われていたという。宝暦六年（一七五六）八月二日、力士の八光山権五郎が再建し、落成と同日に相撲を奉納したという。この由緒略記は神社境内の案内板に詳しく記されている。境内には力士八光山の立像がある。他に珍しい芭蕉の句碑がある。

　　蝶の飛ぶばかり野中の日かげかな

　街道に戻って市の中心地を西に進む。横山町で野猿《やえん》街道を横切り、右手に八日市宿跡の石柱を見て通る。八王子十五宿と言われるが、八日市など十四の宿は加

一里塚

芭蕉句碑

力士八光山の立像

宿と言われた。

秋川街道を横切ると、八幡町では国道16号線と交差して、その先の追分の大きな十字路に来る。ここで甲州街道は陣馬道と分かれて左へカーブする。銀杏の並木が新緑で美しい。

西八王子駅を左に通り過ぎて、並木町で曹洞宗祥雲山長安寺に立ち寄る。見事な屋根の形に目を奪われる。境内には古色蒼然とした石仏があり、瑞々しい花の付いた桜の小枝が供えてあった。

やがて右手にモダンな高尾警察署の建物があり、銀杏の並木が一段と美しく並ぶ合間に多摩御陵への参道入口がある。僕は昭和三年生まれ、昭和天皇の御世に生まれ育ち、八十年の大半を送った由縁からも昭和天皇の御陵を詣でるのに躊躇はなかった。

人影の少ない明治神宮などで味わう神聖な風を感じながら、森に近い参道を辿って御陵の前に出て参拝した。武蔵野陵という。少し離れて右側に武蔵野東御陵があって、香淳皇后が祀られている。御陵の周りの木々の新緑が水の滴るように美しかった。

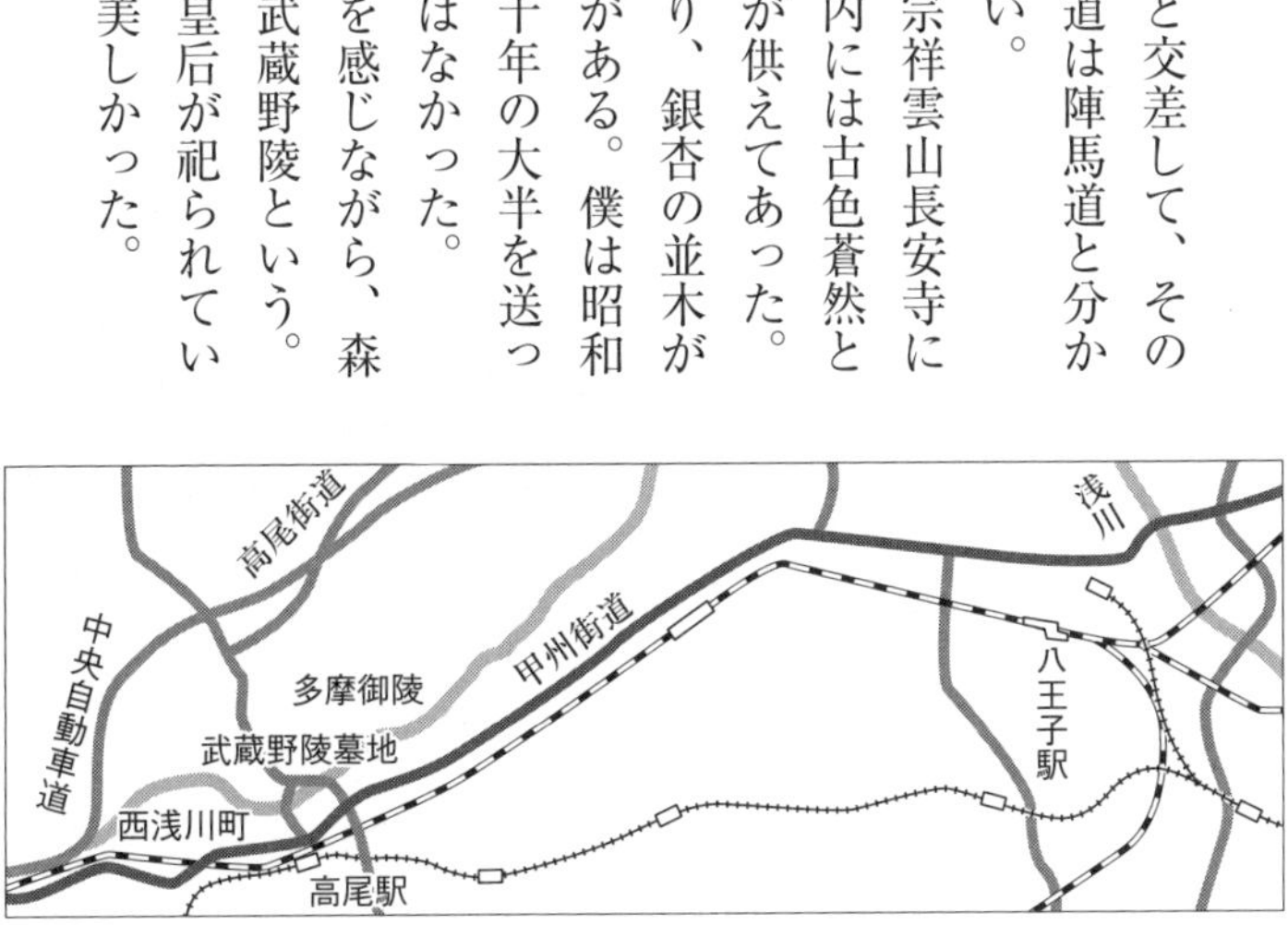

長安寺

昭和天皇武蔵野陵

多摩御陵

小仏関跡

高尾駅駅舎

街道に戻って進むと左へ町田街道、右へ高尾街道の圏央道との十字路に出て、近くにJR高尾駅がある。駅舎は場所柄に応じて和風建築。モダンでないのがよい。

街道は駅前を過ぎて山に向かい、バス停「川原宿」から両界橋を経て西浅川の信号で国道20号線と分かれて旧道へ入る。高尾山を迂回して直接、小仏峠に向かう甲州古道である。古道へ入って直ぐ右手に「史蹟 小仏関跡」がある。

緩やかな上り坂を少し行くと荒井の集落がある。鉄製の火の見櫓の下にきれいに洗われた地蔵尊が並ぶ。道の右側に立て看板があり、「裏高尾　荒井遺跡　縄文時代平安時代の集落跡」と記されている。その横に昭和の悲話ともいうべき慰霊碑「いのはな慰霊碑」への入口を示す案内板が通行者の目を奪う。

> 20・8・5（昭和二十年八月五日）いのはなトンネル附近で、米軍機に（新宿発長野行の列車が）銃撃され、多数の死傷者がでた。死没者慰霊のため、当時の地元青年団が建てた碑であります。

終戦を目の前にした夏の暑い日であった。

荒井遺跡（集落跡）

鉄製の火の見櫓（荒井）

現在の湯の花トンネル

道は次第に急な上りになってゆく。「摺差《するさし》」の小さな集落を過ぎる辺りでは大規模な道路建設の現場が見られるが、工事反対の大きな看板が自然破壊への抗議を訴えている。

更に上ると左手に小仏山宝珠寺《ほうしゅうじ》の石柱が立つ。入口近くに都の天然記念物「小仏のカゴノキ」がある。寺から直ぐ右手に路線バスの小仏終点があるが何の建物もなく、カラのバスが二台だけ留まっていた。バスは一日数回のみ、ここで折り返して下って行く。

舗装された道もいよいよ石と岩の登山道となる。三十分近くきつい上りのヘアピンカーブで苦闘を続けてやっと平らな頂上に辿り着く。頂上には何もなく、何故か信楽の狸の置物が大小、その真ん中に「小仏峠　頂上　５６０ｍ」と記された木の柱が一本立つ。高尾から各方面への矢印とキロ程が書かれた木の表示と現在地を示す地図が二枚、真新しく掲げられている。茶屋などは常置されていない様子である。先へ進むしかない。ここは東京都と神奈川県の国《くに》境《ざかい》でもある。

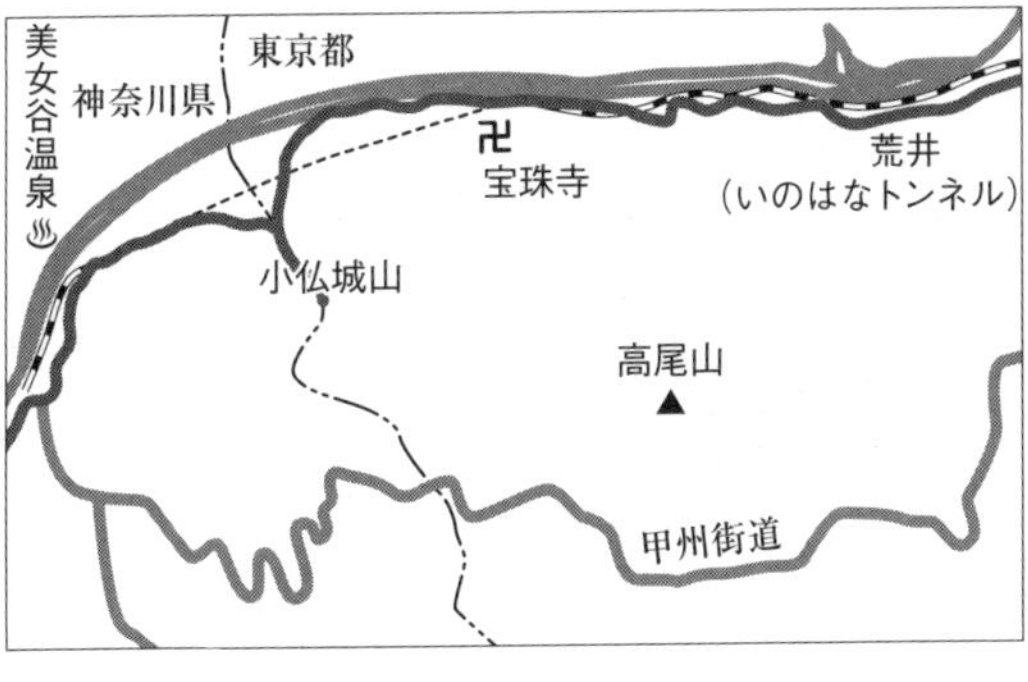

高尾から各方面への道標

小仏峠頂上

小仏の峠を越えて小原宿へ

僕は古道をそのまま次の小原宿《おばら》へ向かうことにした。

下りる道もかなり厳しい。海抜五六〇メートルの山なのに、急でヘアピンカーブの道が延々と続く。まるで地の底へでも下って行くように長い道程を感じた。

三十〜四十分もかかっただろうか。アスファルト道に出合い、我に返った気がした。そこは地図の通り小仏宿と小原宿の中間で「美女谷」と言い、照手姫の生まれ故郷だと言われている。僕は中山道でも大垣市の青墓《あおはか》の集落で「照手姫水汲井戸」に立ち寄っているか

甲州古道

美女谷橋
奥に見えるのが中央高速

ら不思議な縁が感じられる。この丁字路には「まちづくりボランティア」が立てた「照手姫ものがたり」のきれいな絵看板があり、姫の数奇な一生が記されている。美女谷橋越しに街道の上空を中央高速自動車道が優美な曲線を描いて高尾の山の緑の中に消えていくのを眺めつつ、時代のギャップを噛み締めた。

十分ほど歩いて国道20号線に出合った。そこにはバス停があり、「底沢《そこざわ》」という地名が読めた。峠から下山途中で感じた地の底が字になった気がして愉快だった。

国道を進んで小原宿に入った。日本橋を出てから初めて宿場の面影を見たのが日野の宿、そしてこの小原で再び旧街道の宿場が残されているのに出合った。

管理人をされているのは昭和一桁生まれの地元の方で、他に訪問者はいなかったので、近隣の宿場事情を聞くことができた。僕と同じ年代なので、戦争末期に京浜方面へＢ29の編隊が大月付近からこの地の上空で東に向きを変えたことなどを目視されており、前述の「いのはな」でＰ51が列車を襲ったことは昨日

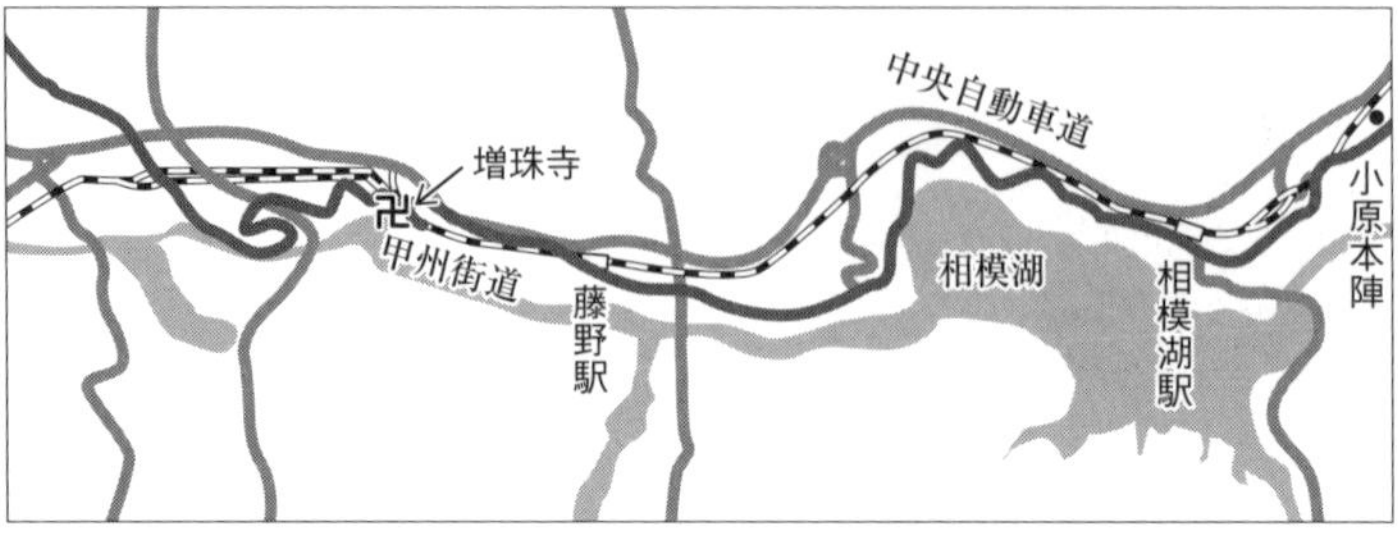

のことのように覚えていると語られた。

小原宿は江戸から数えて九番目の宿場で、片継ぎの宿場として特殊な継ぎ立てをしてきたと言われる。小仏宿から来た人や荷物を次の与瀬《よせ》宿を通り越して吉野宿まで継ぎ立て、江戸の方へは与瀬宿から小原宿を通り越して小仏宿へ継ぎ立てるのを片継ぎと称した。旅籠は七軒あり、一般の旅人のほかに富士山や身延山のお参りをする講の人達が多く利用し

小原宿本陣跡

駄賃并人足賃銭「定」

本陣内

たという。広い本陣内の各部屋のきれいに手入れの行き届いた青畳を、五月の爽やかな風が吹き抜けていた。

本陣手前には「相模原市 小原の郷」という場が設けられていて、そこで朝市が開かれるらしく、本陣建物に似合った和風の建物に朝市の幟がはためいていた。

与瀬、吉野の宿

右手にJR相模湖駅を見て、国道に沿って甲州街道を西に向かい、次の宿場与瀬に入る。国道にしては静かな昼前の道を少し行き、郵便局から一〇〇メートルほど行くと右に慈眼寺《げんじ》への矢印がある。道角に明治天皇小御休所址の大きな石碑と、その足元に小さな「甲州古道本陣跡」の柱がある。右折すると直ぐにJRの線路と中央自動車道を越えるための胸を突くような石段がある。石段を上まで上がると、正面に「金峰山慈眼寺」の山門とその左手に「与瀬神社」の鳥居が並んで立っている。寺は高野山真言宗、薬師如来がご本尊で天正年間の創設とある。一方の与瀬神社は創建年月日は不詳だが、甲州街道の名社として往古より知られ、虫封じ祈祷は名高いという。この高所から相模湖の一部が眼下に眺め

与瀬神社と慈眼寺

吉野宿

られる。

街道に戻って進むと、散在する民家の塀際に春の野花が咲き乱れ、自然のかきつばたが思わず息を止めるような色を競っている。

曲がりくねって上る道は高速道路の下をくぐり、右と左にドライバー相手のラーメン店、ドライブインがある。その辺りからだらだらと曲がりながら下って行くと道は二つに分かれるが、国道を進むとそれまであった歩道がなくなる。急なカーブに大型のトラックが来るとかなり危険を感ずるが、そんな道が四〇〇〜五〇〇メートルも続いた。おまけに短いながらも五〇メートルくらいある橋沢トンネルもある。幸いにトンネルを出てしばらく行くとガードレールで保護された歩道が始まる。

間もなく吉野の信号で道は再び左右に分かれる。右に進むと道の左側に「吉野宿ふじや」の木の看板を下げた古民家が一軒ある。資料館になっていて、一階の座敷には古文書や写真、二階には農機具や生活用の古い民具が所狭しと置かれている。お蚕棚もあった。

道の反対側に石碑が立ち、藤野町教育委員会による立て看板で「吉野本陣」の故事来歴が記されている。転記すると、
此処、藤野町二三八番地吉野家は、江戸時代甲州街道吉野宿本陣・名主であり、現在でも屋号を「本陣」と呼びます。吉野家の由緒は弘安年間に遡り、承久の乱（一二二一年）

の時、一族は天皇方に従い、宇治勢田で北条義時を討ったが戦いに敗れ、故郷を去りこの地に住み着きました。

江戸時代に関東五街道制定と共に参勤交替の大名宿泊のため、街道宿駅名主の家を本陣に定め、道中奉行の統制のもと公用人馬の中継ぎを行わせていた。江戸時代末期の本陣は、木造五階建の偉容を誉り、明治一三年明治天皇行幸の際は行在所となり、陛下はこの二階で昼食をされたとの事であります。建物は明治二九年春の大火で焼失したが、当時侍従であった神奈川県令の書と天皇御出達直後の写真が今も保存されております。

昭和六一年二月

とある。

やがて沢井川を渡る吉野橋を越えＪＲ藤野駅前を通過、左下に相模湖とモダンな弁天橋を見てＪＲの線路を越える。街道からは見え難いが、左手の山肌に白い封筒、赤いハートのラブレターを模《かたど》った一角が目に入る。これは近年にできた芸術家村の創造物だと言われる。この辺りから歩道は国道から一段高い高速道路下を進むことになる。実に安全で眺めもよい。関野である。

歩道が国道のレベルへ下りて合流する辺りに大きな木があって、一見、一里塚跡を偲ばせたが特に何の標《しるし》もなかった。

その先の電柱に「曹洞宗増珠寺入口」とあるので小道に入る。少し上がったところに赤い毛糸の帽子をかぶったお地蔵様を見つけ、道を辿ると寺の境内に着く。本堂の手前の広い境内には無数のお地蔵様が立っていた。その多くが頭に赤い毛糸の帽子をかぶっている。その土台に「ますたま一番」「ますたま九十番」などと彫られているから通称ますたま寺というのだろう。歩きの疲れが癒やされた感じがした。

この辺りを藤野町小渕という。その先、名倉を通り、上り坂を上って途中で山梨県に入り、中央本線の上を越え、高速道路を再びくぐって進むと上野原市である。上野原駅はここから一キロほど離れた崖の下にある。

増珠寺のお地蔵様

不定な天気が続き、歩きを再開したのは五月も半ば過ぎて、突然訪れた夏日に上野原のビジネスホテルに一泊して翌朝のスタートとなった。ホテルは街の中心地に近く、かつては宿場の中心地であったと思われるが、それらしき跡は見当たらない。

本町交差点で街道は大きく二つに分かれる。右斜めに県道33号線、左斜めに国道20号線である。国道の脇に更に一本の間道があって、案内書にはその間道を進み、途中で国道上を越えるとしている。国道は自動車専用道路に見え、沿うように行く歩行者通路を進むと国道は再び丁字路状に左右に分かれる。その位置に立派な歩道橋があり、右へ行く県道30号線方向に鶴川入口の道路標示が見える。

上野原から鶴川へ

鶴川橋で川を渡り、県道を進むと真新しい「鶴川宿」の石碑と「これより甲州街道鶴川宿」の木の立て札が目に付く。

鶴川宿

この後、約五〇〇メートルほどの緩やかな上り坂が続き、上がりきったところに上野原市大鶴支所が幼稚園、老人ホームと並ぶ。今度は緩い下り坂が続き、大曽根、大椚《おおくぬぎ》を経て野田尻《のたじり》へ向かう。県道30号線は全線アスファルトで見事に整備されていて、上下の起伏が多いが歩きやすい。途中、和見《わみ》入口のバス停の小屋に「話尽山雲海月情ありがたきかな故郷」と墨痕あざやかに書かれた木片が立てかけてあったのが目に焼きついた。署名の代わりに蛙のイラストが描かれていた。やがて甲東、不老下とくねくねと曲がる県道を辿り、野田尻の集落に入る。大椚の一里塚跡も芭蕉の句碑も見当たらぬまま素通りしてしまったらしい。梅、桜は終わったが、今や草花の百花繚乱、家々の庭先は賑々しい。

中央高速道路をくぐる手前で臨済宗西光禅寺に詣でる。和見のバス停で見た木片はここの住職の作に違いない。寺の境内のあちこちに同じ筆跡の金言が黄色い墨筆で書かれている。寺の入口右側の道路脇に「お玉ヶ井」碑がある。竜神との恋

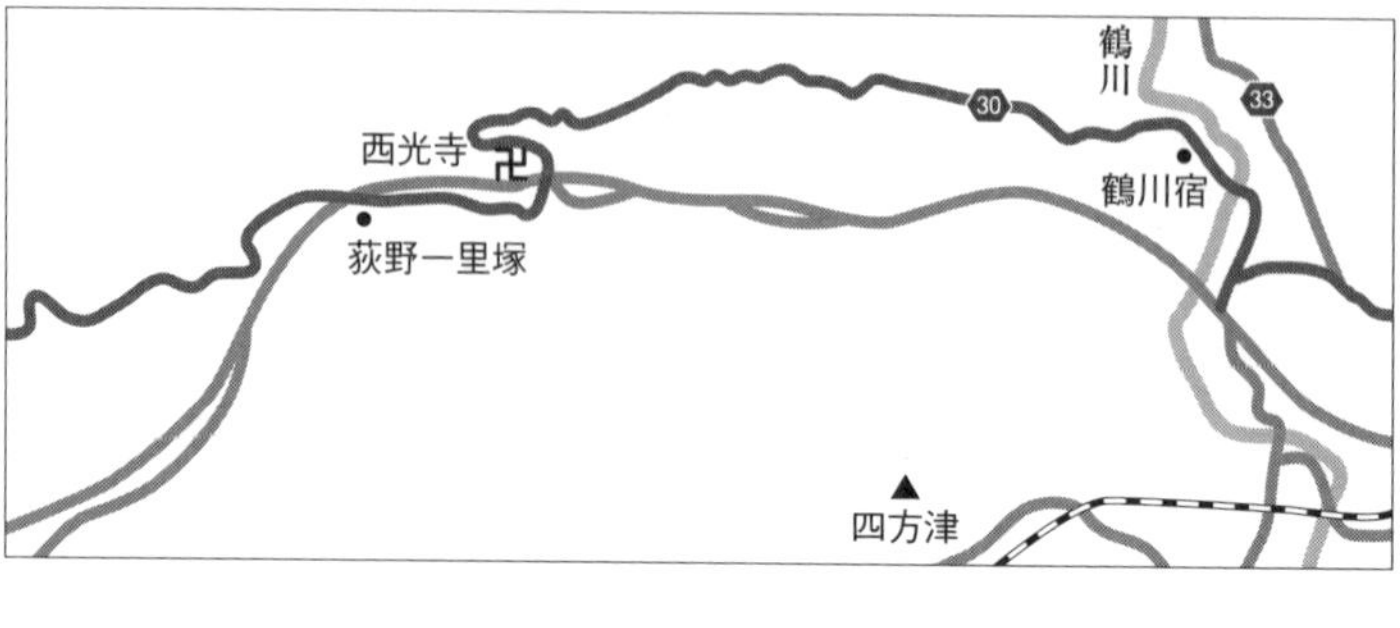

が実ったお礼として恵比寿屋という旅籠の女中お玉（実は龍の化身）が水不足に悩む野田尻の人のために澄んだ水をこんこんと湧き出させたという。

寺を出て直ぐに高速道路下をくぐると道は二股に分かれるが、県道30号線をそのまま進む。道は荻野、矢坪、桜窪を通るが、この辺りが高速道路の談合坂サービスエリアに近いことが地図でわかる。車で旅をする時にしばしば立ち寄る大きなサービスエリアだが、こ

「お玉ヶ井」碑

西光禅寺

荻野一里塚跡

甲斐の山並

んな近くを旧甲州街道が通っているのには気付かなかった。

荻野では道の右側の石垣の上に「荻野一里塚跡」の木柱と説明の看板を見つけた。

矢坪では高速道路の上を渡るが、この辺りから左手一面に甲斐の山々が美しく連なって二重、三重の山並を成しているのがよく見える。ふと武田、上杉の人達も見た山並だと思った。中山道の木曽路で仰いだ山並に較べ、どこか柔らかさ、穏やかさを感じたが、晩春の淡い霞の所為だろうか。

新田《あらた》を抜け、安達野、下宿《しもじゅく》を経て犬目《いぬめ》の宿に入る。消防団の車庫の横に平成十四年七月に建てた「甲州街道犬目宿」の石碑がある。近くに「義民 犬目の兵助」の生家があり、平成十一年に上野原町教育委員会の立てた案内板がある。天保七年（一八三六）の大飢饉と甲州一揆のことが記されている。

直角に曲がる辺りに本陣跡があると地図に記されているが、民家の前にバス停がポツン

恋塚一里塚跡

犬目宿

と立っているだけであった。傍らに曹洞宗の龍澤山宝勝寺がある。

道はやがて下りになり、「恋塚一里塚跡」を通る。甲州街道へ来て初めて見るこんもりとした盛り土のある一里塚跡である。それより少し手前に「君恋温泉これより1.5㎞」の矢印があった。

道は下り坂になるが、右へ入る小径があって、約六〇メートルほどの旧石畳道である。県道に戻って下ると途中で「山梨県大月市」になる。山谷《さんや》、中野などの集落を通って高速道路をくぐり、三キロほど下ると国道20号線に突き当たる。国道20号線は現甲州街道で、上野原で分かれてから中央本線沿いに四方津《しおつ》、梁川《やながわ》を経てここで再会する。右折して進むと七〇〇メートルほどで鳥沢駅に着く。下鳥沢と上鳥沢は合宿で、資料では上と下で半月ずつ交代で宿を行っていたという。

六月になって雨の日が多くなり、気象庁は十日に梅雨入りを宣言した。街道歩きもここで一旦止め、梅雨明けを待つことにした。

奇橋 猿橋へ

七夕を過ぎ、十四日になって関東甲信越地方の梅雨明けが発表された。翌日から三十五度を超す真夏日の上の猛暑日が始まった。まずは足慣らしで日帰りの旅に出る。前回の最終宿場鳥沢へ電車で出かける。

鳥沢駅を出ると目の前を甲州街道が通る。国道20号線である。この辺りが上鳥沢宿のあったところで、出桁《だしげた》造り二階に手すりのある古民家が散在する。街道左側に明治二十年代の建物と言われる「叶屋」跡があり、古い旅籠風の面影を残している。道はそのまま緩い上り下りと左右へのカーブが続くが、歩道はなく、路肩に続く溝のふたの上を歩く。やがて小向《こむかい》の集落を経て宮谷《みやたに》を過ぎると猿橋に入る。

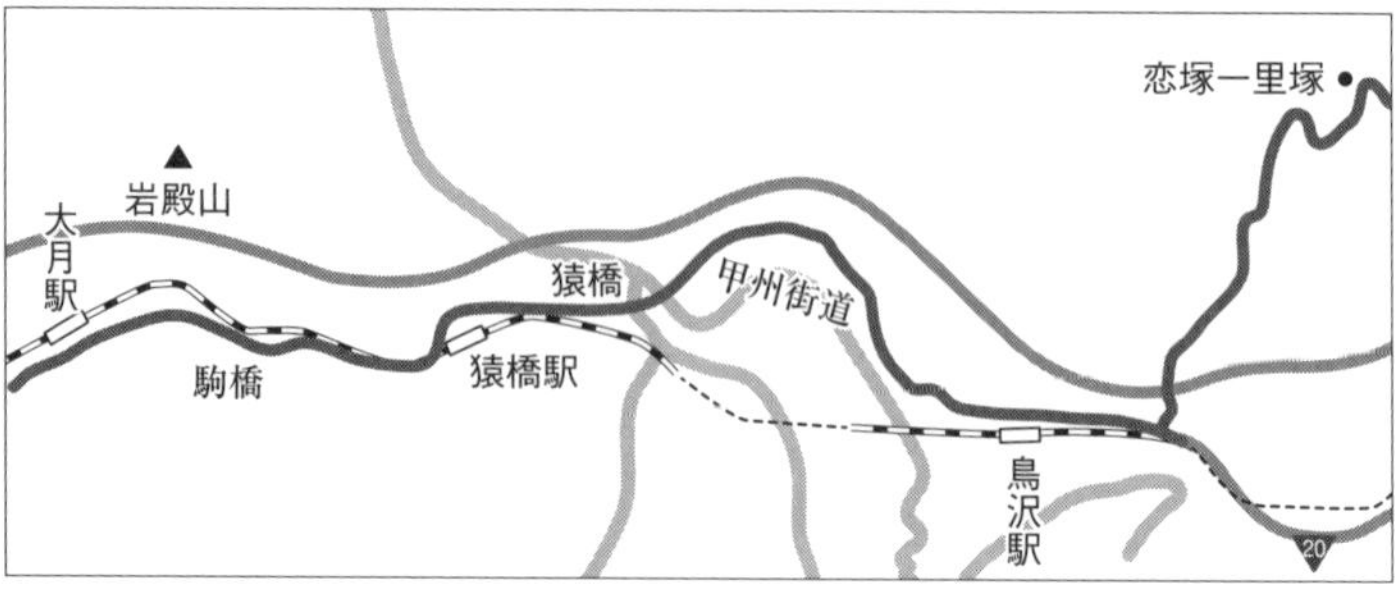

鳥沢宿

猿橋宿

国道が桂川の渓谷を渡る新猿橋で右手を見ると、名勝猿橋の全景が新緑の木々の間に架かる、国道から四〇～五〇メートル右に入ったところに、「甲州古道 猿橋宿」の木の看板があり、その横から猿橋と渓谷へ降りる小道が続く。橋は全木造、最後に架け替えられたのは昭和五十九年。巾三メートル、長さ三一メートル、水面からの高さは三一メートルと言われる。

大月市の猿橋観光協会発行になる「猿橋ミニガイド」を引用すると、

我が町自慢の猿橋は猿がつくった橋

周防の錦帯橋、木曽の桟橋（かけはし）とともに日本三奇橋のひとつ。

桂川の深い渓谷に架かった木橋は、両側からはね木で支えられた独特な工法を用いた構造。歴史は古く、推古天皇（六〇〇年前後）の頃、百済の志羅呼が猿の谷渡りを見てつくったといわれる。新緑と紅葉期は渓谷との調和がとりわけ美しい。一九三二年に国の名勝地に指定された。橋畔には山王宮の小祠があって猿王が祭られている。毎年七月に例祭が行われる。

ここには芭蕉の句碑が二つあり、一つは橋の手前にある小公園内の「かれ枝に鴉とまりけり秋の暮」、今一つは橋を渡った対岸にある「憂き我をさびしがらせよ閑古鳥」である。

この公園に続いて「あじさい遊歩道」があり、約三千株の紫陽花が咲き競う。六月の中旬にはあじさい祭が開かれる。

芭蕉句碑
「憂き我をさびしがらせよ閑古鳥」

名勝猿橋

駅前通を過ぎると殿上橋《とのうえばし》でＪＲを跨ぎ、右前方に岩殿山（標高六三四メートル）を見ながら駒橋宿を通る。ここには日本で最初の遠距離送電を行った水力発電所がある。やがて左手に三嶋神社があり、手前で右折すると桂川に架かる高月橋《たかつきばし》を渡り岩殿山の下に出る。

大月はもともと大槻から来たと言われ、三嶋神社境内に四本の大きい槻（欅・槻は欅の古語）の木があったことから発した地名だと言われており、樹齢千二百年以上の巨木は枯れてしまい、今はその記念碑が立っているだけになった。

目の前にそそり立つ岩殿山は武田氏滅亡の最後の舞台となる山城であり、桃太郎伝説を生んだ甲州昔話に登場する鬼が住んでいたとも言われていた。家来になった犬、雉、猿はそれぞれ「犬目」「鳥沢」「猿橋」になったという。

大月は富士登山の吉田口の入口でもある。僕はここで一世一代の大寄り道をすることにした。

岩殿山

寄り道① 富士山へ

七月二十六日、自宅の近所の若い人達五人が富士山へ出かけるので参加を決めた。ただし、新宿から富士山の五合目まではバスで行くツアーである。

前日までぐずついていた天気がウソのように晴れ上がり、スバルラインから見上げる富士山は朝の陽に輝いていた。

五合目には大型バスが続々と到着して、平地の観光地と同じような賑わいであった。登山道にかかっても登山者の行列は続く。六合目で標高二三九〇メートル、まだ視界はよいが雲が出始め、二七〇〇メートルの七合目は雲の中で、強い風が頭上から吹き始め、登山者の行列も不規則な集団となって渋滞を起こすようになる。八合目の山小屋に仮泊する予定で登頂を目指すが、僕の体力ではこの辺の岩場を攀じ登るのは危険に近く、後続の登山者に先を譲りながら同行者に先導してもらい、暗くなり始めた八合目の山小屋に辿り着く。

雨さえ落ちてきたではないか。僕はここで同行者と別れ、この山小屋で翌朝のご来光を拝して下山することに決める。「退く勇気」というが、「進む勇気」には大きな危険が伴うのが実感としてわかった。

早朝四時、何と九合目まで登った同行のS子ちゃんが仲間と別れて僕に付き添って下山するため山小屋に現れた。外は雨、気温は摂氏六度である。ご来光は午前四時四十分頃とのことなので、セーターを着て雨具をつけて山小屋を出る。冷たい小雨は止まないが、東の空に雲の切れ目があって金色に輝き始める。ご来光の瞬間である。

下山は登りと違って息遣いははるかに楽だが、「膝が笑う」という表現通りに脚の使い方が難しい。同行者に手を引いてもらってジグザグの曲がり角ごとに休みながら下山を続けた。僕は街道歩きで山道を歩いた経験はあるが、富士登山という環境では全く役に立たないのがわかった。八時間でも十時間でも歩く持久力があっても、登るという体力がなければダメということである。

登山者の列

ご来光の瞬間

筆者のいでたち

大月でもと来た道へ

甲州街道を歩きながら、時々見え隠れする名峰富士の山、一日かけて登って下りた大寄り道に満足しなければならない。大寄り道をした大月の宿から甲州街道を再スタートする。八月二十日、天気は上々である。

大月駅は中央線の駅に加えて富士急線の始発駅でもあるが、意外と寂しい。駅前を通り、町の中心部を西に進むと、やがて富士急の線路を越えたところに追分がある。ここは甲州街道と富士みちとの分かれ道である。道標の石碑が三本立つ。

追分を過ぎると、国道20号線を進む甲州街道はのどかな道が続き、花咲の集落では旧本陣跡の星野家が再建されたものとはいえ、立派な遺構が国の重要文化財として指定されている。

三軒屋、真木《まぎ》と緩やかな上り坂を笹子川に沿って進むと、正面に笹子《ささご》雁ヶ腹摺山《がんがはらすりやま》など一三〇〇～一四〇〇メートル級の山並

甲州街道と富士みちとの分かれ道である追分に建つ道標の石碑

がそそり立つ。これから越える笹子峠だ。

　右手の奥に法雲寺を見て法雲寺橋を渡ると左側に「東京から１００キロ」の標識があり、道は更に上り坂になる。

　初狩《はつかり》駅入口の手前右側に大きな古民家（周五郎の名付け親の家である奥脇家）があり、「山本周五郎生誕之地」の石碑が立っている。駅入口を過ぎて四キロほど上ると道の左手に「笹一酒造」の建物が並び、その更に上方にＪＲ笹子駅がある。無人駅である。

　この辺りは黒野田《くろのた》宿跡で笹子峠を越える麓の宿場であった。近くの黒埜山普明禅院には

再建された旧本陣跡の星野家

行く手に聳え立つ笹子峠の山々

現代版一里塚、東京から100km地点

「日本橋ヨリ二十五里」の石柱と「一里塚跡 黒野田」の木柱が立っている。境内には真新しい芭蕉の句碑「行くたびにいどころ変わるかたつむり」がある。

寺を出ると国道は急な上り坂になる。甲州街道もしばらくは同行するが、道の斜面は国交省の表示で「8%」とある。大型車両がウナリをあげて上ってゆく。やがて追分で国道20号線は自動車専用道路となって新笹子トンネルで峠を越し、街道は県道212号線を辿ることになる。路線バスはここから五〇〇メートルほど先の新田《しんでん》まで行って折り返す。僕はここから約五時間、孤独の苦闘を続けることになる。

笹子駅

普明禅院の門前右に「一里塚跡 黒野田」

8%の急な上り坂

笹子峠

最初の目標は約四キロ先の「矢立《やたて》の杉」である。天候は晴、水の補給は下山するまでできないとのことで、追分に入って直ぐにあった最後の自販機でペットボトル二本をリュックサックに入れて出発、正午である。

笹子峠へ

県道212号線を進む

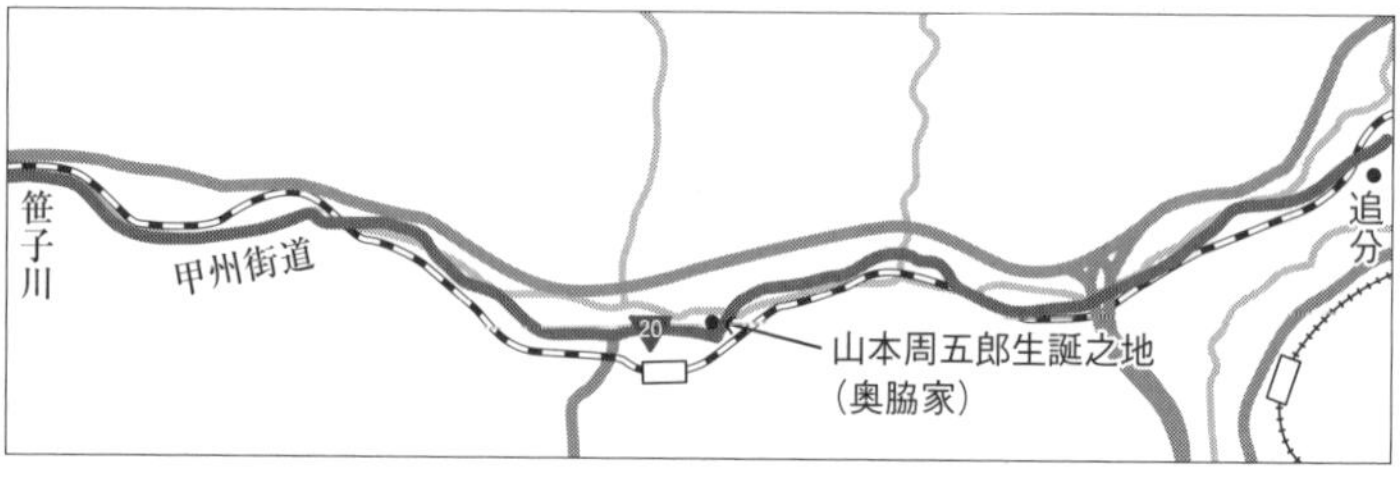

嬉しいことに県道２１２号線は全線アスファルト舗装されていると言われ、ヘアピンカーブは続くが、それほどきつい上りではない。途中、一ヶ所「矢立の杉まで2.2㎞　笹子隧道まで4.0㎞」の立て札があっただけで、道の両側には杉林が迫り、人通りはゼロである。地図を見ながら前進を続けるが、どの辺を歩いているのかわからない。それから幾つ目かのヘアピンカーブを経て「笹子峠自然遊歩道」の看板が立ち、「この先1.7㎞のところに矢立のスギ近道があります」と記されていた。再び上りのカーブを繰り返すうちに「矢立の杉」の大看板を見つけた。杉の木は道から細い坂道を一〇〇メートルほど下ったところにある。

大月市観光協会発行のパンフレット「矢立の杉」によると、

矢立の杉は樹齢千年を超すといわれますから、この地に根を下ろしたのは、はるか昔の平

矢立の杉

安時代のことです。戦国時代、笹子峠を通って合戦に赴く武士が必勝を祈願して、この杉の木に矢を射ったことがその名の由来と言われています。

千六百二年に五街道が制定され、甲州街道の江戸～甲府間が開通し、更に千六百十五年には下諏訪まで街道が伸びました。多分この頃から人々の往来も盛んになったと思われます。

矢立の杉は旅人たちの憩いの場として人気を得、江戸時代末期の浮世絵師・葛飾北斎や二代目歌川広重の絵にも描かれています。


とある。近くでは、俳優の杉良太郎氏がこの「矢立の杉」のタイトルで作詞作曲してうたい、平成二十年にはＣＤが出されているという。木は高さが二八メートル、幹の周囲九メートル、中は空洞化している。

深山でただ一人、千年の古木と向かい合い、つくつくぼうしの声を聞きながら暫しの休息をとる。空気は清涼、真夏の暑さを忘れる。

甲州矢立杉
（『諸国名所百景』国立国会図書館デジタルコレクション）

ここから一キロほど上ると目の前に旧笹子隧道が現れる。柱状の装飾と赤レンガ、全長二四〇メートル、一車線だがレトロの香りがいっぱい、真っ直ぐだから向こう側の出口が見える。向こう側は甲州市、かつての大和《やまと》村である。隧道の真上が笹子峠、海抜一〇五〇メートル。

この先は上りよりはるかに多いヘアピンカーブの連続で、谷底へ向けて延々と下り坂が続く。途中に「峠道入口」や「甘酒茶屋跡」などの白柱が立っているが、目ぼしい道標などは一切なく、ただひたすらに下山を続けた。やがて地図にある「天狗橋」に出合い、駒《こま》飼《かい》宿の集落に到着する。

旧笹子隧道

甘酒茶屋跡

長い峠の下り道

笹子峠

峠越えの上り下りに四時間余りかかったことになる。駒飼宿本陣跡は史蹟を示す白柱のみであった。その少し手前に芭蕉の句碑が道端に座っている。

秣負う人を栞の夏野哉（まぐさおうひとをしおりのなつのかな）

街道を西に向かって歩き出す前に、この宿場の最寄りの駅である甲斐大和駅に立ち寄る。「武田家終えんの郷」と大書した掲示が目を奪う。

街道へ出て間もなく「笹子峠入口」の矢印があり、振り向くと峠の峰々が聳え立つ。日《ひ》川《かわ》に架かる大和橋を越えると、やがて「史跡　鶴瀬関所跡」の柱が道端に立っている。ここは甲州十二関の一つで、「鶴瀬の口留番所」と言われ、主に物資の流通の警戒と「入鉄砲

天狗橋

芭蕉句碑
「秣負う人を栞の夏野哉」

に出女」を取り締まった関所であったという。この辺りが鶴瀬宿のあった地区の中心だったらしい。近くに「古跡 鞍懸」の白柱があり、「この地は、逃亡する長坂長閑が土屋惣蔵に追われ落ちた鞍が路傍の桜の木にかかっていた所と言われています」と付記されていた。

日川を渡る

鶴瀬宿

鶴瀬から勝沼へ

しばらく国道20号線を進み、洞門とトンネルをつないだような場所を通るが、歩道はトンネルに沿って外側にある。その出口左側の谷に近いところに芭蕉の句碑がある。

観音の甍見やりつ花の雲

トンネルの上に観音堂があるという。

そこから凡そ一キロほど進むと深沢入口の柏尾橋があって、近藤勇が西軍板垣退助と戦った柏尾の古戦場がある。そこには近藤勇の白い石像と「誠」と染め抜いた新撰組の赤い幟が風にはためいている。周囲が柏尾坂公園となっていて、柏尾戦争を伝える資料として山梨県立博物館蔵になる錦絵が銅版で複製されて立っている。

また、この辺りは「ころび石」とも呼ばれた急坂で、馬供養のための馬頭観音が数多く建立されている。

芭蕉句碑
「観音の甍見やりつ花の雲」

柏尾の古戦場に立つ近藤勇の像

ここから二〇〇メートルほど行くと右側に「葡萄薬師大善寺」がある。寺の開創は養老二年（七一八）、僧行基によると伝えられ、薬師堂は弘安九年（一二八六）に再建されて国宝に指定されている。薬師三尊を拝する機会を得たが、いずれも国の重文である。

柏尾の信号で国道20号線は左へカーブして勝沼バイパスとなり、街道は右へ直進して勝沼宿へ入る。観光客用のオープンの葡萄園が多数並び、観光バスが行き交ってにわかに活気が溢れる。古民家も数多く昔の面影を残して建ち並び、仲町の旅籠「仲松屋」は復元し保存されている。その筋向いに本陣、脇本陣跡もあって、「本陣槍掛けの松」の木が往時の姿を留めている。他に明治、大正期の建物が多く残されていて、国登録有形文化財として「旧田中銀行社屋」が凝洋風建築をそのまま残している。

大善寺薬師如来堂

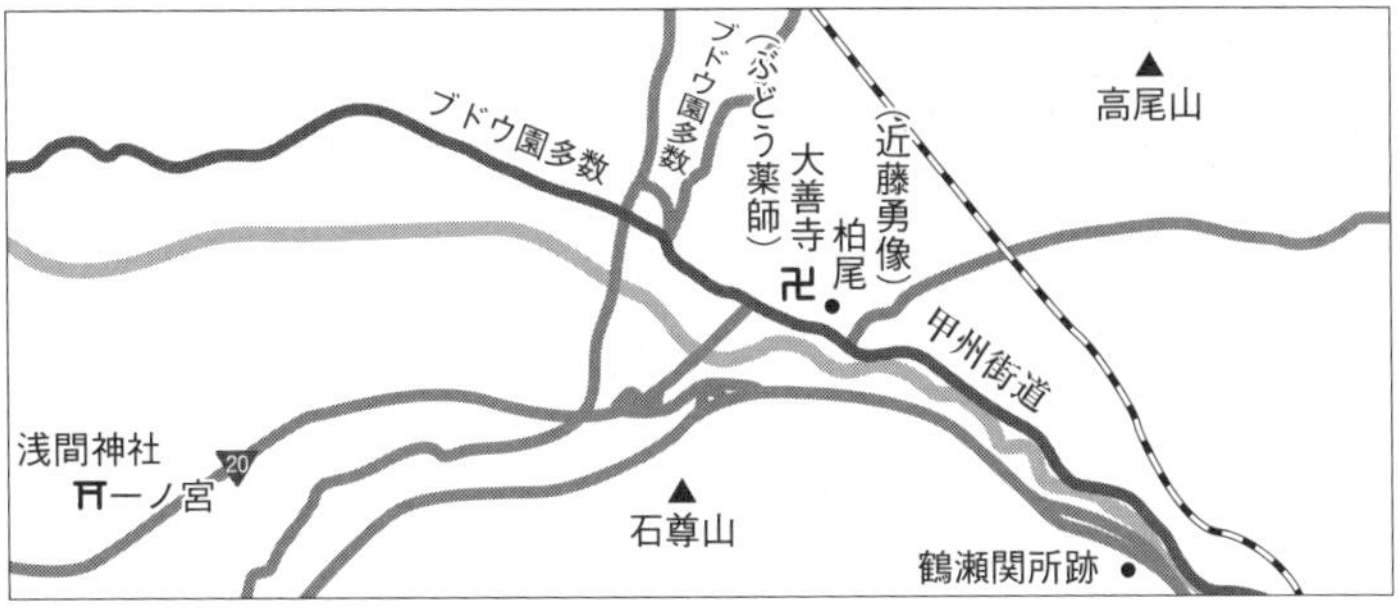

一服した葡萄園

勝沼宿本陣槍掛けの松

旧田中銀行

やがて等々力の四つ角を過ぎ、上栗原《かみくりばら》、下栗原の集落を通り、左手に併行する日川を日川橋で渡って直進、笛吹川を渡ると石和温泉郷に着く。

駅前へ向かう通りまで来ると道がカーブして信号機が並ぶ地点にある甲運橋が「笛吹市」と「甲府市」の境界線になっている。笛吹川はかつてここを流れていたが、明治四十年の水害で橋は流され、水路は石和の東に移されたという。

駅に向かう駅前通りの石和橋に笛吹権三郎の像とその伝説を刻んだ碑が新しい。平成三年三月とある。駅前には無料の足湯の小屋も用意されている。

武田の里

街道（国道411号線）に戻り、甲府へ向かう。

笛吹権三郎像

善光寺

道は平坦な甲府盆地の松原、山崎を過ぎ、ＪＲ酒折駅前を通ると「善光寺入口」から右手の奥に善光寺の山門と大伽藍の屋根を拝することができる。角から八〇〇メートルほどの真っ直ぐな参道である。身延線の善光寺駅のガードがあり、その脇にきれいに掃き清められた祭壇とお地蔵様が祀られていた。

ここ浄土宗甲斐善光寺は武田信玄が川中島の合戦による戦禍が信州善光寺におよぶのを案じて、永禄元年（一五五八）に本尊、諸仏、寺宝を移して建立した東日本最大級の木造建造物で、国の重要文化財である。境内にある「芭蕉翁月影塚」の石碑には「月影や四門四宗も只一つ」の句に安永四年（一七七五）建立と刻まれている。

芭蕉句碑
「月影や四門四宗も只一つ」

長禅寺の五重塔

再び国道へ戻って甲府市内へ向かうが、ＪＲの線路越しに甲府五山の名刹があり、僕が立ち寄った瑞雲山長禅寺は信玄公の母の菩提寺であり、本堂脇に華麗な五重塔と木の香が漂うような三重塔が静寂の中に建っていた。

駅近くには武田氏滅亡後に徳川一族が建て（諸説あり）、居城とした甲府城、一名「舞鶴《ぶかく》城」跡が「舞鶴《まいづる》城公園」となっている。

甲府市内には「武田氏」に関わる場所が多い。甲府駅の北口から二キロ半ほど直進する緩やかな坂道を行くと「武田神社」がある。この辺りの町名はもちろん「武田」で、神社を中心とする一帯は「躑躅《つつじ》ヶ《が》崎《さき》」と呼ばれる武田氏の旧館跡である。永正十六年（一五一九）に信虎がここに居所を移して以来、信玄、勝頼と六十余年武田氏の本拠地としてきたのだ。駅から続く武田通りという緩やかな坂の途中に国立の山梨大学がある。甲府駅表口前にある信玄公の像は迫力ある表情が印象深い。

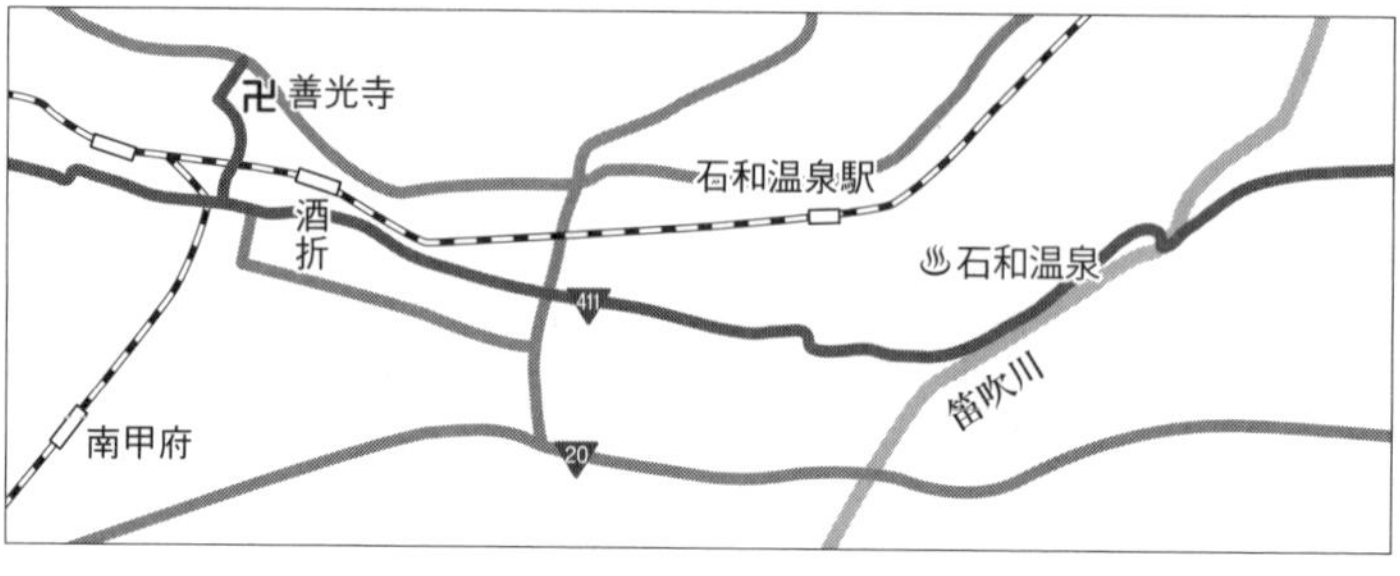

武田神社鳥居

武田神社

躑躅ヶ崎館跡

この宿場は「甲府柳町宿」と言い、近隣の十町から成り立っており、現在の城東五丁目から丸の内三丁目までだったと言われる。ただ、ここは宿場というよりも城下町の色が濃く、街道沿いに市内の目抜き通りを抜けて荒川橋を渡ると美術館通りを通り、広い国道52号線を西に進み、竜王で国道20号線に入って信玄橋で釜無川を渡る。

駅前の信玄公像

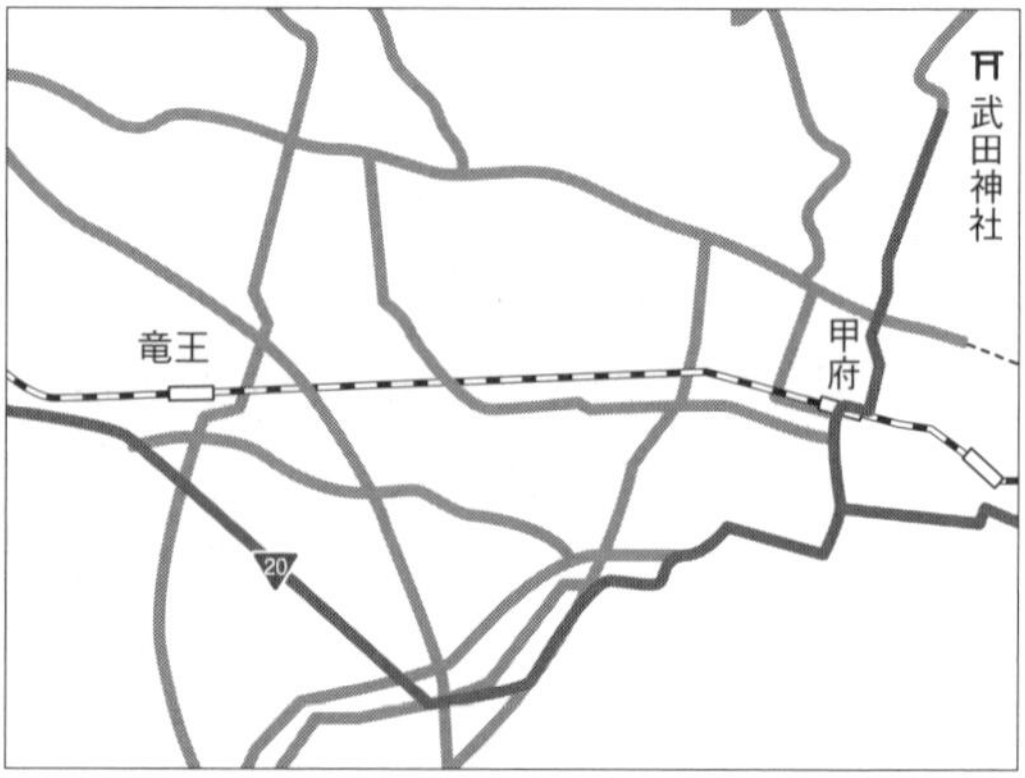

野牛島《やごしま》を通り、六科《むじな》で右折して韮崎《にらさき》へ向かう。舗装がされた若尾の山越え道を過ぎると、船山橋手前で歩いてきたのが富士川街道と呼ばれる国道52号線とわかる。

韮崎駅前には商店街が続くが、小高い丘の上に真っ白な平和観音が立つ。その麓に曹洞宗の仏窟山雲岸寺がある。一名「窟観音」と言い、天長五年（八二八）に弘法大師によって開かれたと言われる。平日の真昼中の故か人気は全くない。下から拝する観音像のてっぺんに多数の鳥が群れていた。

雲岸寺窟観音堂

平和観音（頭に鳥が……）

しばらくは国道20号線に併行して県道17号線を進む。やがて右に上り始め、本街道と分かれて「原路《はらみち》」と呼ばれた間道を行く。原路は「七里岩ライン」と呼ばれ、かつて甲州街

新府城跡

光明寺のカヤ

道が韮崎以北で釜無川の氾濫で寸断するために予備の道として七里岩上に整備、活用されたと言われる。七里岩は八ヶ岳の泥流が形成した台地で、諏訪の富士見から小淵沢、長坂を経て韮崎辺りまで続く、高さが四〇～五〇メートルほどの台地である。南下條《みなみげじょう》、坂井などを経て新府《しんぷ》城跡を通るが、道の両側に桃の果樹園が続いている。

新府城跡の少し手前左手に曹洞宗金竜山光明寺がある。ここには木曽氏の墓と天然記念物のカヤの木があり、境内中にカヤの実が落ちていた。白秋の詩「カヤの実」を記した木板が立てかけてあって、心が和む思いに浸る。

緩やかなカーブをした坂の左手に新府城跡と藤武《ふじたけ》神社がある。

道の右正面に八ヶ岳の全景が見え、県道17号線は穴山駅方面に入る道と分かれて直進するが、最近改修された立派な舗装、夏目橋は平成二十年五月築とあるピカピカの新橋であった。

七里岩を下る

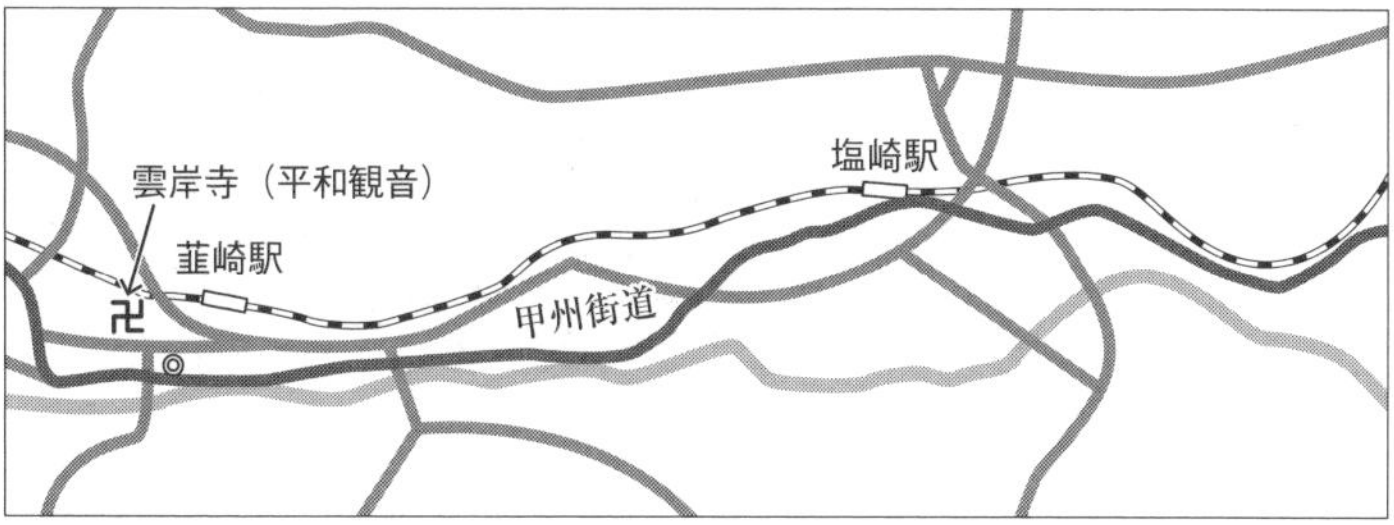

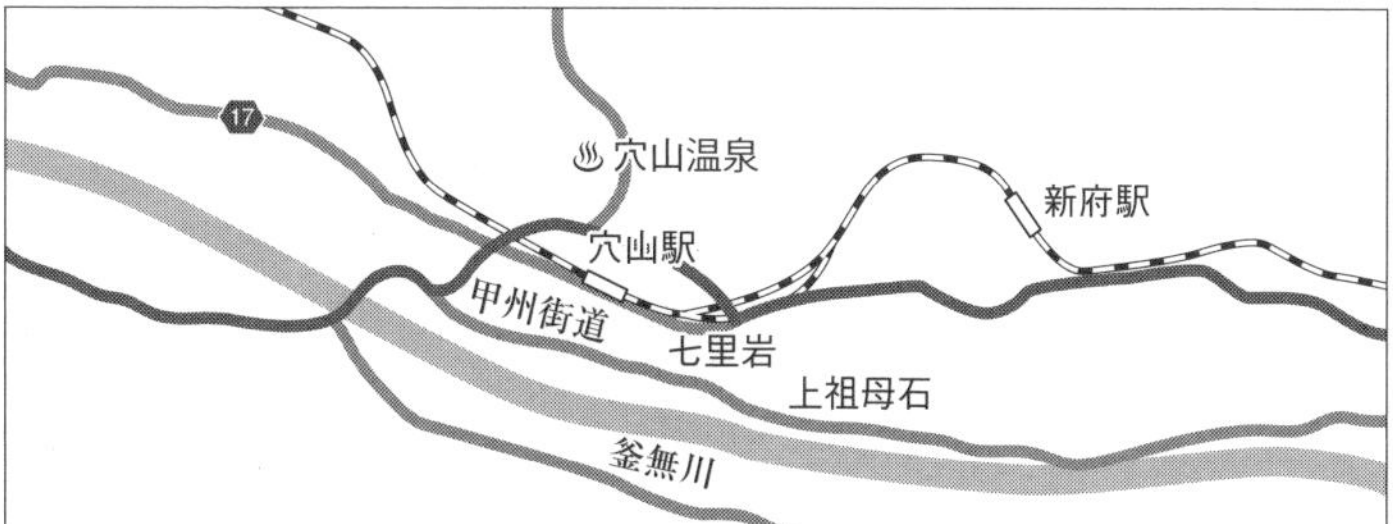

右下に穴山駅を見て少し行くと、県道を離れて国道20号線の甲州街道へ下りる旧道があり、七里岩の絶壁を右に見ながら五〇〇メートルほどの道を下る。赤トンボが群れている。街道へ出たところにバス停「穴山三軒屋」がある。

街道は右手の七里岩の台地に沿って北西に進むが、台地は八ヶ岳の泥流というより火山の溶岩が流れ下りて固まったように横たわってどこまでも続く。

国道20号線、旧甲州街道は釜無川を渡る穴山橋で左に大きく弧を描き、円野中《まるのなか》、円野上という地名の集落を通って小武川《こむかわ》橋を渡ると北杜市武川町に入る。

少し行って宮脇の信号に「神代桜3.1㎞」の標識がある。神代桜は樹齢千数百年と言われる有名な古木で、季節には観光バスの行列が絶えない。

七里岩の正体

台ヶ原宿から白州へ

やがて牧原の十字路を越えると大武川橋があり、道は単調に尾白川《おじらがわ》を渡って花水坂の分岐点に至る。ここからやや長い上り坂を上ると台ヶ原宿である。街道と宿場への道と二股に分かれるところに「日本の道百選　甲州街道　台ヶ原宿」の標識が立つ。二股道を右に進み、宿場の家並みのある旧道へ入ったが、そのまま行けば白州《はくしゅう》で元の道に再会する。

ここで午後四時を回っていたため、一〇キロ余りを進んで蔦木《つたき》の宿まで行くか、五キロほどの長坂駅で今回の旅を中断するかを決めねばならぬ場所に来ていた。通りがかりの主婦に長坂までの道程を尋ねると、きつい上り坂があるが車で十分ぐらいだという。明るいうちに着けばよいと考えて、穴山で下った七里岩の坂を上り始めた。三十分近くかけて上りきると清春《きよはる》芸術村の集落があった。地図にもある（持ってきた地図のぎりぎりの端にあった）。

台ヶ原宿

二人の高校生がバイクでやって来たので駅の方向を尋ねると、「この道を道なりに行くと直ぐ左手に見えてきますよ」とのこと（筆者教訓：田舎道でバイクに乗った少年に道を尋ねてはいけない）。行けども行けどもそれらしき姿は現れない。それどころか、午後五時を過ぎた県道は徐々に暗くなり、舗装はされているが道は再び上り始め、人はおろか車の通りも途絶える。幸いにして持ってきた懐中電灯を片手に二キロ余り歩き続けると鉄道の踏切に出た。はるか左前方に駅舎の明かりを見たのは台ヶ原を出てから約二時間後であった。ラッキーなことは数分も待たずに列車が来たことである。

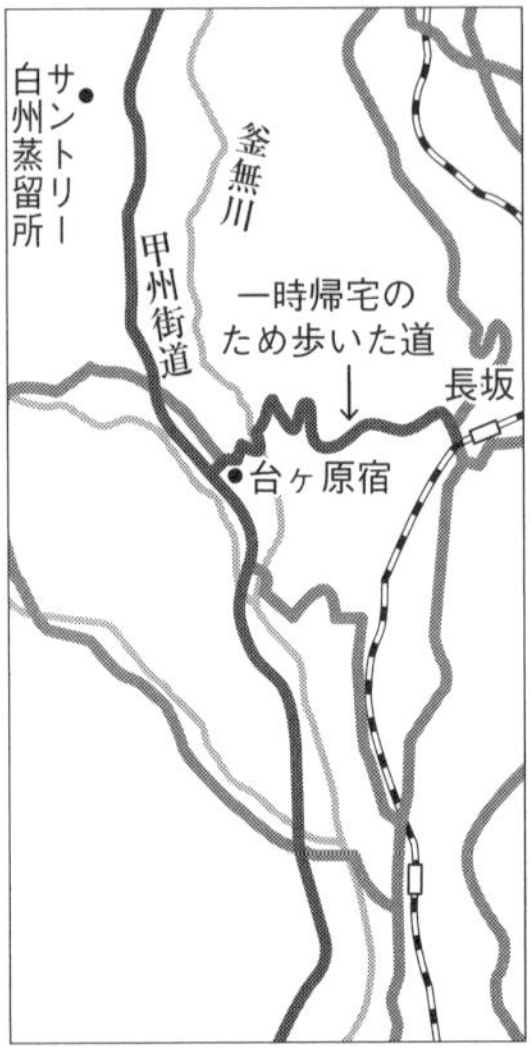

台風が来たりして天候が不安定であったり、九月末から十月にかけては市井の雑用が多く、再び台ヶ原の宿へ戻って旅の続きに就いたのは十月も末に近い二十七日となった。

今回、台ヶ原宿へは韮崎から路線バスで向かった。バスの路線と時刻はあらかじめネットで調べておいたから、駅前のバス停で長時間待つこともなく定刻に出発した。乗客は僕のほかに土地の人らしい年配者が二人、台ヶ原まで小一時間、前回歩いた道を走った。

　台ヶ原は静かで落ち着いた宿場らしい集落である。大きな石の常夜灯があり、火の見櫓、古民家、旅籠、和菓子屋などが並ぶ。七賢《しちけん》酒造の軒には大きな杉玉が誇らしげに飾られている。この家は本陣ではないが明治天皇の行在所とされ、門前には高札場のような掲示板が二基立っている。筋向いにある和菓子屋は「信玄餅」で有名な金精軒である。旅籠屋に

銘酒「七賢」の軒先の杉玉

明治天皇の行在所
門前には高札場のような掲示板

信玄餅で有名な「金精軒」

はその軒に「津留や諸国旅人御宿」と書かれている。

旧道は凡そ一キロほどで国道20号線に再会、合流する。この辺りを白州町白須《はくしゅうちょうしらす》と言い、目の前に甲斐駒ケ岳が迫る。横丁の入口に「駒岳神社参道」の石柱が立っている。ここから直ぐ先に「道の駅はくしゅう」がある。ここは「日本名水百選―南アルプス尾白川の水―」がこんこんと湧き出ていて自由に汲むことができる。人々はポリ容器に採って持ち帰って行く。筆者は二十年ほど前にドイツに住み、クロンベルグ（フランクフルトの近郊）というタウナス山の森で湧き水を同じ要領で採取していたのを思い出す。そういえば

白州町白須から見る甲斐駒ケ岳

駒岳神社参道の石碑

道の駅にある無料の天然水

サントリーで売っている水は「山の神様がくれた水、サントリー『南アルプスの天然水』」だ。自宅で飲み慣れているペットボトルではないか。

道の駅を出て街道を進むと、右手に八ヶ岳の全山が姿を見せる。絶景の場所である。前沢の集落を過ぎ、神宮川の濁川橋を越えるとサントリーの製樽工場があり、街道が二股に分かれる。

国道は左で、そこにコーヒー専門の店「ケルン」がある。山小屋風の店内はコーヒーの香りに満ちていて、それに誘われるように中へ入る。無造作に置かれた木の椅子とテーブル、なぜかここもドイツくさい。この辺を歩いていて、景色も空気も黒い森に点在するフロイデンシュタットやカルフ（ヘルマン・ヘッセの故郷）の町に似ているとさえ思った。

やがて左手にサントリーの白州蒸留所がある。ウイスキー博物館などもある一大森林公園である。

更に進むと「教来石」という宿場がある。キョウライシと読む。資料によると、日本武尊がこの地に来て石の上に休んで以来、土地の人が「経て来石」と呼び村の名前にしたが、経を教と書き違えてしまったのだという。以来、この石は「へてこいし」と呼ばれているそうな。

荒田、下教来石を通り、上教来石山口の集落のはずれ、国道に面して山口素堂の句碑がある。大きな石碑で、傍らに、

史跡　山口素堂生誕の地
諸藩に講じ、詩歌を教え、傍ら茶香連歌を楽しみ、薫風の俳諧を世に行わんとして名を素堂と更め、其日庵一世となり所謂葛飾風の一派をなした。
享保2年75才没

当地方は農民俳句が盛んに行われている。
と記した木の案内板が立っている。句は「目には青葉山ほととぎす初かつお」である。
そこから約一キロ、県境の新国界橋《しんこくかいばし》を渡ると長野県に入る。

信州に入る

道は左に大きくカーブして下蔦木《しもつたき》に入る。蔦木は信州に入って最初の宿場である。本陣

白州から見る八ヶ岳

山口素堂句碑「目には青葉山ほととぎす初かつお」

蔦木宿本陣大阪屋

跡は上蔦木近くにあり、「大阪屋」の屋号を持っている。

ＪＲ信濃境駅はここから再び七里岩のヘアピンカーブの坂道を約二キロ上ったところにある。国道、甲州街道も平岡の一里塚跡を過ぎると長い上り坂にかかる。韮崎から続いた七里岩もこの辺までのようで、ＪＲ線と国道20号線の間を七里以上も続いていたらしい。

立場川を渡って古戦場跡を通り、ひたすらに長い坂道を上ってＪＲ富士見駅近くに出る。この坂はやがて富士見峠に達するのだ。峠の頂上で直進する甲州街道は国道20号線なのだが、「歩道はここで終りです。気を付けて御通行下さい」とは長野国道事務所の立看板。二キロほど国道の路肩を歩く。右手は八ヶ岳をバックに富士見高原の紅葉が続き、再度歩

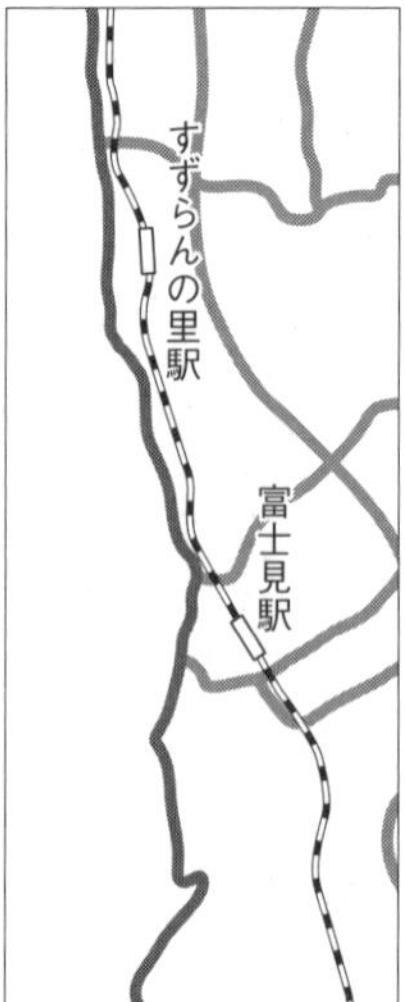

旧道入口の馬頭観音

道が現れる。

その後、二キロほど進んでＪＲすずらんの里駅近くで二股となり、旧道は左へ入って行く。二股地点に古びた馬頭観音が立つ。旧道に入ると右手に十指に余る石仏が立ち並ぶ。長閑な旧道で心が和む。

緩やかな坂を上り、大きく右に曲がる道路脇に立派な欅の木が人目を奪う。樹の根本に一里塚跡の碑が立ち、その脇に海抜九一七メートルの標識が立つ（五二頁コラム〈一里塚〉の写真）。道の反対側には富士見町教育委員会の案内板「御射山神戸の一里塚」が立っている。ミサヤマゴウドと読む。

人通りのない旧道を一キロほど歩き、再び国道20号線に合流すると金沢の宿で、ＪＲ青柳駅に近い。

金沢宿では資料にある本陣や宿場の名残を探したが、理髪店の隣に「旅館 松坂屋」の古い看板をトタン張りの民家の壁に見つけるだけであった。そのまま進んで矢の口でこんもりとした森に鳥居を見つける。「権現の森」とのみあった。

二キロほど単調な広い道を進み、上り坂の途中に「東京から192㎞」の標識、更に一キロほどで宮川坂室の交差点となり、茅野《ちの》市の市街地に着く。ここでも資料の江戸から五十番目の一里塚跡を探すが見つからず、JR茅野駅で一服して旅を続ける。

旧道傍らの石仏

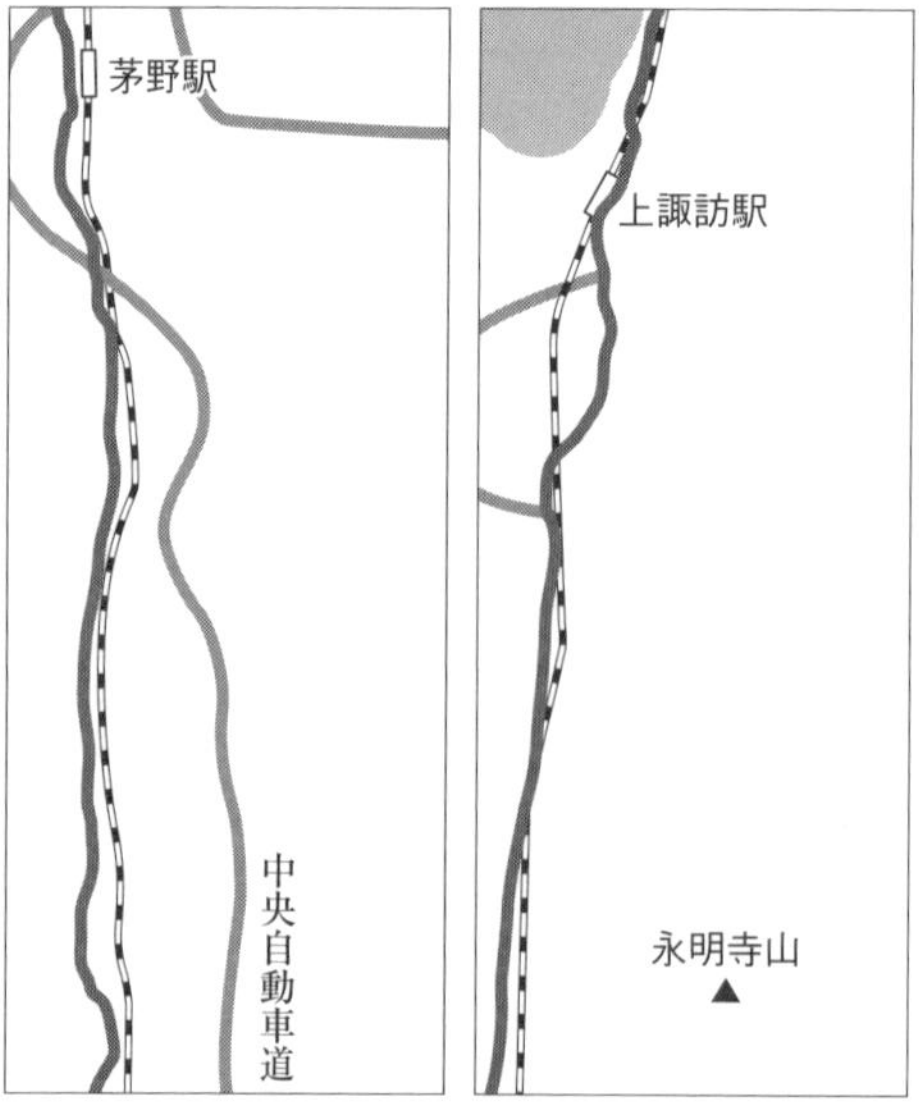

上原で国道20号線に戻り上諏訪を目指す。諏訪市に入って行くと、もはや都会の大通りで家並みが絶えない。四賀《しが》の地名が続くが、御射山にあった神戸《ごうど》が付く。四賀北神戸、四賀南神戸などが二キロくらい続いて上諏訪の町に入る。

上諏訪の宿場はJR線を越えた元町付近から始まる。街道の左側にある連子格子の古民家は銘酒「真澄」の蔵元。元町の信号で道は二つに分かれ、中間に「十王堂跡」の石碑が立つ。右の道を少し行くと長い白壁の塀が続くが、これは松平忠輝の墓所でもある「貞松院」である。この道には街道を偲ばせる建物が多い。

この町は僕の街道歩きには浅からぬ縁があった。中山道を西に向かっていた時に駅前のビジネスホテルに泊まり、翌朝、一駅を列車に乗って下諏訪からの旅を続けた。その際に晩飯を食べたのが、この町。それも久しぶりにありついたイタめしだった。ホテルで貰った地図を頼りに探し当てたのが「イタリアの田舎料理」が看板の「ダンロ（DANLO）」という店。若いご夫婦のやっている店で、信州の高原野菜をたっぷり使ったサラダはもちろん、この地ならではの食材を使ったイタめしは看板通り都会では味わえない新鮮さに満ちていた（中山道の旅が終えてから再訪問している）。今回も同じビジネスホテルで汗を落とし、その店に出かけた。オーナーシェフのご夫妻に温かく迎えられ、期待に外れぬ夕食をとることができた。

翌朝は時間に余裕があったので、上諏訪の市内にある高島城へ立ち寄った。この城は豊臣秀吉の武将日根野織部正高吉が慶長三年（一五九八）、七年ほどかかって築城したもので、城の際まで諏訪湖の水が迫り、湖上に浮かんで見えたことから別名「諏訪の浮城」と呼ばれた。後に本来の城主であった諏訪氏の居城として十代二百六十年の間、その威容を誇ったと言われる。明治八年に撤去されたが昭和四十五年（一九七〇）に復興された美し

連子格子の店舗は銘酒「真澄」の蔵元

十王堂跡

貞松院

諏訪　高島城

い城である。

下諏訪への道は上諏訪駅前を通りＪＲの線路に沿って五〇〇メートルほど進み、踏切を渡って線路沿いの海岸通りを西に向け進む。下諏訪町の道路標識には「ここは標高７６２ｍ」と記してあった。

好天の真っ昼中、十月の湖面を渡る微風は心地よかった。

途中で「東京から２０２㎞」の標識を見て高浜の信号から緩い坂道を上り、ＪＲの上を越えると下諏訪の宿である。

右方向に「上田」という標識を見て中山道の気配を感じ、そのまま直進すると十字路で大社通りに出る。右に行けば正面に諏訪大社の秋宮があるが、直進して宿場の古い旅館の建ち並ぶ道に入る。この道の突き当たりに「甲州道中・中山道合流之地」の石碑があり、地面にタイルのパネルがあって「旧甲州道中　江戸五十三里十一丁」「旧中山道　江戸五十五里七丁」と記されている。もう一本の石柱には「甲州道中終点」と刻まれている。

旅は終わった。

「右甲州道　左中仙道」道標

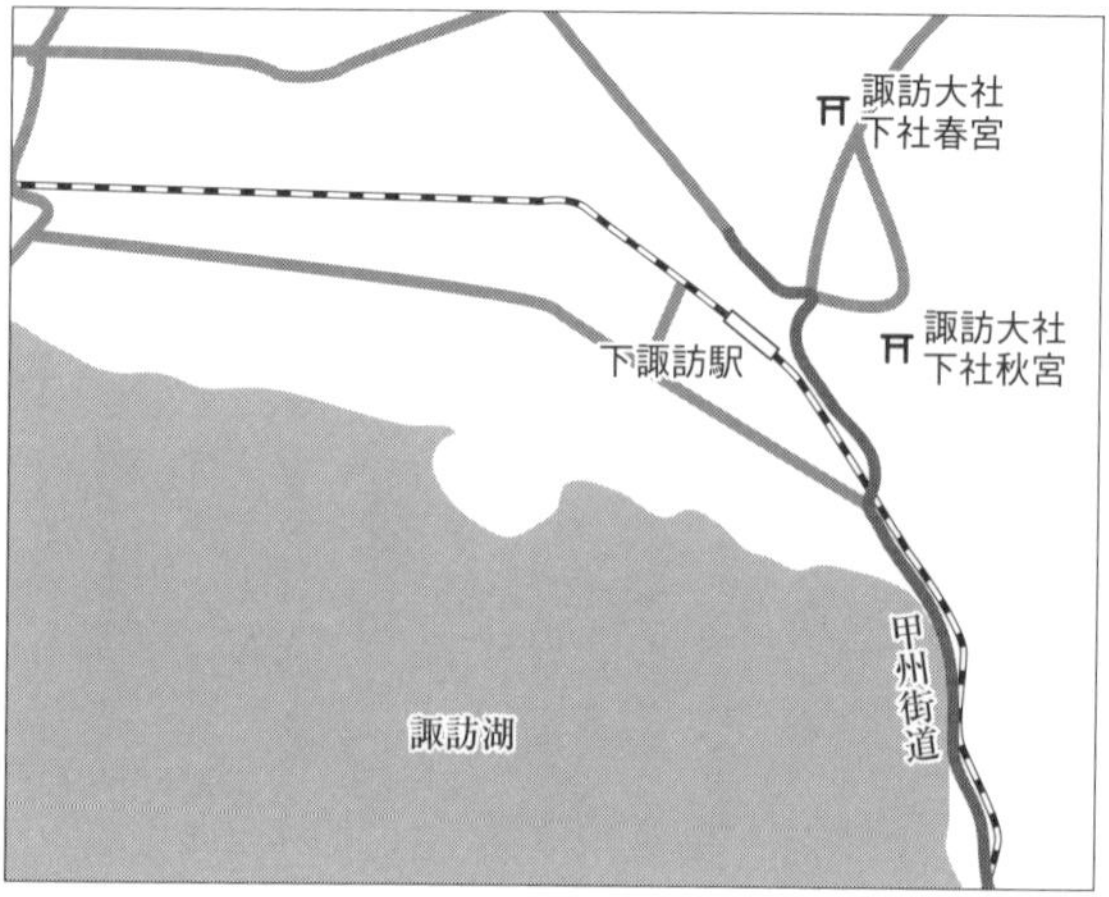

諏訪湖

甲州街道の終点

本陣跡

まとめ

東海道、中山道、日光街道、そして今回の甲州街道で四街道を歩き終えた。残るは奥州街道のみとなった。

甲州街道は春、桜が咲き始めた三月末に日本橋を発ち、十月末に下諏訪に着いた。梅雨時と真夏日は避けたから足かけ五ヶ月、十五泊、二〇八キロ（公称）の旅であった。四十五宿というが、この街道では宿場ごとに見附、追分などの道標があるとは言えず、その確認は難しく、一里ごとにあるはずの一里塚跡も探し当てられずに通り過ぎている。

無論、他の街道でも県により、市によって、街道や宿場の保全に対するポリシーの違いもあって統一的ではないが、山梨県内の道路、案内標識の少なさには随分と悩まされた。難所と言われる小仏峠も笹子峠も共に山梨県内にあり、（東京方面から行って）その長い下り坂にも現在地を示す何の標識も見当たらない。旅人、特に歩いて旅をする者にとって、地図と道標は大事な命綱である。用意してきた地図からはみ出してしまうことも度々あるため、己の現在地のわかる標識が数キロおきにでもあれば大助かりなのだが。一里塚の知恵は素晴らしい（註：筆者はこの時点でＧＰＳ機能の付いたケイタイを持っていなかった）。

今回も山梨県に入ってからは三泊四日で自宅に戻り、天候の安定度を確かめた上で先へ進む「尺取虫」方式をとったので、遅いながらも確実に進むことができたが、上野原では雨が続いてしまい、次の宿場へ進まずに自宅へ戻ったこともあった。また、台風17号や20号が本州の中央部を抜けるコースをとるやに見えたため、数日間、自宅待機を余儀なくされたこともあった。

七月の末に大月から富士登山の大寄り道をしたのも特筆すべきかも知れない。甲州街道の価値あるおまけであった。

この街道で異常に思ったのは韮崎から富士見辺りまで続く「七里岩」の存在であった。街道に並行して補助、代替えとしてあるわき道で街道へ行くためには、どうしても七里岩を越えねばならない。街道より高い位置にあるため、街道を離れると忽ちヘアピンカーブの上り坂にぶつかることになる。僕は穴山で下り、長坂と信濃境で上りを体験した。いずれも距離で二キロほどあり、傾斜度も七パーセントから一〇パーセントある。

甲州街道は五街道の一つとして幹線道路であったにも拘わらず、他の街道に較べて道筋の整備がよくなされていなかったと言われる。参勤交代に利用する大名の数が少なかったからとも言えるが、現代になって観光産業の見直しや、古きをたずねる風潮の復活などの観点から見ても街道筋の整備に何らかの国の指導があってもよいのではなかろうか。

面白いと思ったのは、最今、交通信号機に取り付けられた地名板にローマ字が併記されていることが多い。お蔭で読めぬ漢字の地名が解読できたケースが度々あった。例えば、「給田」Kyuden、「教来石」Kyoraishi、「御射山神戸」Misayamagodoなどで、全国的に普及させるのもよいのではなかろうか。

〔コラム〕江戸六地蔵

江戸六地蔵とは一七〇〇年代初頭の宝永年間に、江戸深川の地蔵坊正元が江戸の六つの街道出入口に建立したもので、江戸の街道を守護する目的と江戸庶民の道中往来の安全を祈願することを目的とした。京都の六地蔵に倣って造られたとも言われている。現在、都内にその五体が残されており、高さはいずれも二七〇センチ前後の銅造地蔵菩薩坐像である。

①品川寺《ほんせんじ》　旧東海道　東京都品川区南品川
②東禅寺《とうぜんじ》　奥州街道　東京都台東区東浅草
③太宗寺《たいそうじ》　甲州街道　東京都新宿区新宿
④真性寺《しんしょうじ》　旧中山道　東京都豊島区巣鴨
⑤霊巌寺《れいがんじ》　水戸街道　東京都江東区白河
⑥永代寺《えいたいじ》　現存しない。かつては深川の富岡八幡境内にあったと言われるが、旧永代寺が廃寺となり、明治初年に取り壊された。

太宗寺の地蔵

品川寺の地蔵

真性寺の地蔵

奥州街道

須賀川
鏡石
矢吹
新白河
白河
東北本線
東北自動車道
那須
黒磯
那須塩原
『奥の細道』を
辿って寄り道
西那須野
大田原
黒羽
那珂川
矢坂
鬼怒川
さくら
氏家
喜連川
『奥の細道』を
辿って寄り道
久慈川
日光線
宇都宮

最後の五街道

二〇〇五年の春に東海道ぶらり歩きをスタートして以来、日光街道、中山道、甲州街道を歩き終えたのが二〇〇九年の秋、足かけ五年となった。いずれも徳川幕府が江戸からの幹線道路として整備に努め、道中奉行の管轄下に置いた街道である。これらの街道に陸奥《みちのく》への奥州街道を加えて五街道と呼ぶ。ただ、道中奉行が直轄したのは陸奥の国、現在の福島県白河までで、その延長上の青森県三厩《みんまや》に至る道は仙台・松前道と呼ばれた。

四街道を終えた僕は五番目の街道を歩きたい衝動を抑えられず、八十一歳を目前にして北へ向けて出発した。ただ千住から宇都宮までの十七宿は既に歩いた日光街道とダブるので宇都宮からの「奥州街道ぶらり歩き」スタートとなった。

この道は芭蕉翁の『奥の細道』とも重なる場所が多いので、寄り道を楽しむことにした。芭蕉翁は白河を越えて平泉まで北上し、月山を経て日本海沿岸に出て、更に北陸、美濃から大垣まで二四〇〇キロを四十三歳にして五ヶ月で踏破している。偉大な「ぶらり歩き」人である。

僕は宇都宮へ出かける前に『奥の細道』の真の出発点、江戸は深川を一巡した。そして僕の五街道の五番目の旅は始まった。

深川から千住へ

江戸からの五街道の一つ、奥州街道（奥州道中ともいう）を歩くに当たっては度々出会う『奥の細道』の芭蕉翁に敬意を払う心情から、その出発点でもある江戸深川（東京都江東区）を訪ねることから始めた。地下鉄大江戸線（名前がよい）の清澄白河駅で降り、近くの清洲橋通りにある臨川寺《りんせんじ》を詣でる。

臨川寺は正式には瑞甕山《ずいおうざん》臨川寺という臨済宗の寺で、当時、深川の臨川庵に寄寓していた常陸国鹿島の仏頂禅師が庵主素牛の紹介で芭蕉と知り合い、以来、深い親交を結ぶこととなったと伝えられている。芭蕉は『鹿島詣』の旅で禅師に再会し、『奥の細道』の旅では黒羽《くろばね》の雲巌寺《うんがんじ》に禅師の山居跡を訪ねている。残念ながらこの臨川寺は関東大震災と東京大空襲で往時の建物を全て焼失してしまう。寺内には復刻された「芭蕉墨直しの碑」や「芭蕉由緒の碑」がある。

清洲橋通りから萬年橋通りへ右折すると直ぐに小名木川に架かる萬年橋を渡る。左側の橋のたもとに「川船番所跡」の案内板と、その足元に銅板の「ケルンの眺め」がある。正面には隅田川上に架かる清洲橋がその全景を見せ、ケルン市を流れるライン河の吊橋をモデルにしたと言われる通り、優美で女性的な橋である。

向こうに見えるのが清州橋

萬年橋

ここから川沿いに芭蕉庵史跡展望庭園が始まり、隅田川テラスと名付けられている遊歩道が上手《かみて》に見える新大橋まで続く。遊歩道には四～五メートルおきに「大川端芭蕉句選」の簡素な句碑が九基並び、時折、川面をモダンな水上バスが行き来するのを見て大東京の一角だというのに気がつく静けさである。

新大橋の手前で土手から下り、ほど近い「芭蕉記念館」に立ち寄る。庭の築山に萱葺きの芭蕉庵を模した小庵があり、座禅を組まれる芭蕉翁の像の前に採りたての瑞々しい栗の実が置かれていたのが心に残った。庵の隣に「古池や蛙飛びこむ水の音」の句碑がひっそりと建っている。

芭蕉記念館の句碑

新大橋通りを越えて少し行ったところに要津寺がある。ここには「雪中庵関係石碑群」が門内右手に並んでいる。雪中庵は芭蕉三哲の一人である服部嵐雪《はっとりらんせつ》の庵号で、三代目雪中庵を継いだ大島蓼太《りょうた》が明和八年（一七七二）に深川芭蕉庵に近いこの寺の門前に芭蕉庵を再興して復興運動の拠点としたという。寺内には「ふるいけや」の句碑（江戸の能書家三井親和《しんな》の揮毫）、「芭蕉翁仏塚」など多くの碑が建っている。この句碑の文字を模写した

ものが芭蕉記念館にある句碑だと言われる。
清澄通りに出て門前仲町方向へ進むと小名木川に高橋が架かる。橋の直ぐ手前に老舗のどじょう屋「伊せ喜」がある。浅草駒形のどじょう屋と同様に「どぜう」の藍染の暖簾が風に揺れる。
そのまま進むとやがて右側に清澄庭園が現れる。面積約三万七〇〇〇平方メートルと言われる広大な敷地で、元禄時代の豪商紀伊國屋文左衛門の別邸だったところ。後に三菱財閥の創始者岩崎弥太郎の手を経て東京都の所管する庭園となった。園内の芝生に大きな自然石に「古池や」の句碑が昭和九年十月に建立された。ここの案内板の碑の由来をそのまま引用すると、当庭園より北北西四百メートル程の所に深川芭蕉庵跡（江東区常盤一丁目三番・都指定旧跡）があります。松尾芭蕉は、延宝八年（一六八〇）から元禄七年（一六九四）まで、門人の杉山杉風の生簀の番屋を改築して、芭蕉庵として住んでいました。

かの有名な「古池の句」は、この芭蕉庵で貞享三年（一六八五）の春、詠まれています。

この碑は、昭和九年に其角堂九代目の晋永湖という神田生まれの俳人が建てたものですが、芭蕉庵の改修の際、その敷地が狭いので、特に東京市長にお願をしてこの地に移したものです。従って、この場所が芭蕉庵と直接ゆかりがあると言うことではありません。

なお、当庭園の南東側、海辺橋緑地に採茶庵跡がありますが、芭蕉は元禄二年（一六八九）に「奥の細道」の旅をここから出発しました。

とある。

芭蕉翁はここから千住へ舟で渡った。僕は浅草に向かい、そこからバスで終点の南千住へ走った。

清澄庭園にある「古池や」の句碑

千住から日光街道を

都営バスは南千住が終点で、ここはＪＲ常磐線と地下鉄日比谷線の南千住駅に接するが、宿場としての千住は一つ先の北千住駅付近にある。日光街道と奥州街道は共に現在の南と北の両千住を通るから、素盞雄《すさのお》神社で「奥の細道矢立初めの句碑」に出合う。句碑に曰く、

千寿といふ所より船をあがれば
前途三千里のおもひ胸にふさがりて
幻のちまたに離別のなみだをそゝぐ
行はるや鳥啼魚の目はなみだ

そして隅田川を千住大橋で渡り、北千住駅に近づくと「一里塚跡」「問屋場跡」「高札場跡」などの石柱が建つ街角を過ぎる。

奥州街道は千住から宇都宮まで日光街道と重なって北へ向かうが、芭蕉翁は宇都宮の手前で「室《むろ》の八島《やしま》」へ寄り道をしている。僕もその寄り道を辿ってみた。

寄り道② 室の八島

宇都宮に宿を取った僕は荷物を預けて、東武宇都宮駅から栃木行の電車に乗った。途中八つ目の野州《やしゅう》大塚《おおつか》まで約二十五分、途中に「おもちゃのまち」や「壬生《みぶ》」などの駅がある。電車は三十分に一本ぐらいの間隔で走るワンマンカーで、片道三百五十円であった。

駅前の道を右に四〇〇メートルほど直進すると駅入口の信号機があって、左折して約六〇〇メートル行くと信号と「室の八島延喜式内社 下野国一之宮 大神《おおみわ》神社」の立て看板がある。矢印に沿って右折すると正

下野国一之宮 大神神社

面に森と鳥居が見え、木立の中を参道が拝殿へと導く。小造りながら格調高い社である。大神神社がおおみわと読まれるわけは三輪山を奉る奈良の大神神社の分霊を祀るためであると由来書にあった。

ここで芭蕉が詠んだ句は、

「糸遊《いとゆふ》に結びつきたるけふりかな」（糸遊は陽炎のことで春の季語）

他に藤原定家の歌碑もある。

杉木立の中に池があり、島に見立てられた八つの小祠がある。「八島の響」と名付けられた水琴窟で、すずやかな水滴音を聞く。

芭蕉翁はここから壬生、楡木《にれぎ》を経て鹿沼に一泊し、日光に向かっている。僕は宇都宮に戻って一泊する。

芭蕉句碑

室の八嶋

「白澤宿」の木札

白沢の宿

いよいよ奥州街道の本線である。

千住から宇都宮までの十七宿は日光街道と同じ道であった。ここから白河までの十宿が幕府道中奉行の管轄下に置かれていた街道である。

秋晴れに恵まれた翌日、県道１２５号線を最初の目的地白沢へ向けて歩き出す。この道は旧陸羽街道で沿道には「白沢街道」の表示がある。全く平坦で、大都市から郊外へ向けて放射状に走る典型的な都市型道路である。途中、竹林町、堀切などの町を通り、前原で国道１１９号線を越えて直進すると、海道町の先で緩やかな稚ヶ坂《ちがさか》を上る。片側に桜並木の続く長い坂で、上がりきると道の左手に製紙会社の大きな工場がある。

そのまま進むと右手に河内町役場の表示があって、古風なバス停に「白澤宿 ここは江戸より三十里」の木札が立っている。その直ぐ先には白沢地蔵堂がある。その向かい側に「やげん坂」の案内板があって、曰く、

この坂は、漢方の薬種をくだく舟形の器具（薬研）に坂の形が大変似ているところから、「やげん坂」と呼ばれるようになったと言い伝えられています。

また慶長十四年（一六〇九）白沢宿として町割ができる以前からここには、街道の道しるべとして夫婦の大きな榎があった由緒あるところです。

更に少し行くと道は丁字路となり、宿場は左に続く。道路左側の白髭神社入口の古民家前の用水に古い水車が回っている。隣の駐在所（宇都宮東警察署白沢警察官駐在所）に「番所」の木札が掛かっているのが面白い。塀の外に「白沢宿」の由来や規模などの案内板が掲げられ、昭和六十二年三月吉日 白沢宿保存会とあった。

古民家と古い水車

ここから二・五キロほど西鬼怒川沿いの田んぼの中の道を行くと、西下ケ橋で県道125号線に再会する。西川橋を渡ると道は二つに分かれるが、そのまま125号線を行くと、鬼怒川に架かる阿久津大橋で広い河川敷と鬼怒川の本流を渡る。橋の中ほどまでが宇都宮市で、その先はさくら市となる。ひらがなのさくら市である。

橋を渡りきると「さくら市　奥州道中　これより先一里　氏家宿」の案内板が迎えてくれる。

氏家宿

県道は再び丁字路となり、左へ曲がると上阿久津で程なく勝山城跡のある勝山公園が左手に現れる。ここにはさくら市ミュージアムがあって、この時、平山郁夫展が開かれていた。

氏家町は隣の喜連川《きつれがわ》町と共に二〇〇五年三月の市町村合併で「さくら市」となり、さく

古民家

ら市役所は氏家駅近くにある。市役所の観光課を訪ねたが地図などの広報資料に乏しく、「さくら市観光ガイド」を一部頂くに留まった。

遺跡として勝山城跡が桜の名所として残るが、城は一五九七年に廃城となっている。氏家の中心地から東北へ約八キロに位置する喜連川は昭和五十六年（一九八一）に温泉が湧き出て以来、近隣各所に温泉場が開業し、喜連川城址は「お丸山公園」として市民の憩いの場となっている。山上には四九・五三メートルのスカイタワーがあり、晴天には筑波山、遠くは富士山を望むことができるという。公園入口には若山牧水の歌碑がある。氏家から東野交通バスで約二十五分のところにある。

さくら市役所界隈には古民家が数軒散在するが、所謂、旧宿場の名残や面影は見られない。

翌朝、次の宿場の町、矢板市へ向かう。凡そ八キロの道程である。

矢板宿

さくら市役所のある県道181号線を経て古い町並みを抜け、馬場北で国道4号線に合流し、平な道を三キロほど進むと、左手前方に那須連山がえてくる。近づく高原山《たかはらやま》の後方に見えるのは上越境の山々であろう。

やがて蒲須坂《かますさか》を通ると街道の左右に大谷石ででできた蔵のある家が目立つ。どの蔵にも大きな家紋一文字が描かれているのに気付く。かつて近江路歩いた時にも同じように「水」の一文字が書かれいたのを思い出す。

荒川を荒川橋で渡ると、立て看板に「高原山十

荒川橋から見える高原山

景」とあり、そのはるか後方に高原山が全景を見せている。絶景である。

そこから二キロくらい行くと乙畑《おつはた》で国道4号線と県道30号線に分かれ、旧街道は左の県道に入って行く。二キロほどでJR片岡駅の前を通過する。更に二キロほど先で内川をシャレた手すりのある内川橋で渡るが、この辺でも家紋の付いた白い大谷石の蔵を見かける。

そこから直ぐに木幡の十字路があり、右折して線路を越えて直進すると木幡神社の森に出合う。この神社の楼門は石段の上に二層の立派なもので、室町時代に建立され国の重要文化財に指定されている。また、由緒ある鉄の燈篭がある。これらは矢板市の有形文化財で、徳川家康の一周忌（一六一七年）に土佐藩主が日光東照宮に寄進されたものだと言われる。

大谷石の蔵

木幡神社楼門

県道の十字路まで戻って先へ進むと市街地に入って行く。総合病院などの大きな建物を左に見て、やがて矢板市役所に着く。今まで歩いてきた東海道や中山道だと、宿場ごとに本陣あり、高札場あり、旅籠ありで、見附から始まって見附で終わるのが一般的だったが、奥州街道ではそれらが見受けられない。一里塚も一里ごとにあるとは限らない。少々勝手が違うのがわかってきた。

（筆者註：矢板に着いたのは平成二十年十月三十日で、翌年春には甲州街道をスタートしたため、奥州路に戻ったのは平成二十二年五月六日となり、一年半のブランクがあった）

出直して矢板の駅に降り立ったのは、気温の激しく変化するのが収まった五月の初めである。桜前線も既に北上、この辺りでは少ない八重桜とハナミズキが満開であった。

国道461号線を東進して東北本線の線路を越えると左下に長峰公園があり、中《なか》（地名）の信号の丁字路で国道4号線に入る。ここは旧陸羽街道（奥州街道）で緩やかだが長い上り坂が一キロ以上も続き、矢板市針生《はりう》とある。途中に不動明王の祠や野仏などが散在し、坂を下ると土屋の集落がある。

やがて野崎橋で箒川を渡り、ループ状の道路交差は既に大田原市。ホンダのサービス工場で右折して国道から県道306号線に入るとJR野崎駅前を通る。そのまま凡そ四キロを直進すると西那須野の市街地に到達する。西那須野駅前を更に一・五キロ西に向かうと国道4号線に再会する。

国道沿いのホテルに投宿して第一日目を終える。

天気予報は的中し、翌日は朝から五月雨の一日となる。これは予定に織り込み済みなので、雨支度をして芭蕉の足跡を訪ねることにした。黒羽町の芭蕉の館のある黒羽城跡までは十五キロ以上あり、バスの本数も少ないので往路だけはタクシーを使うことにした。バスは迂回するから五十分近くかかるが、片やタクシーはそれでもたっぷり三十分、五月雨としてはやや強い雨の中を運転手の説明つきでひた走った。

黒羽の芭蕉の館

黒羽城跡は山中にあった。立派な旧家風の建物がL字状に建っており、芭蕉翁が馬に跨り、徒歩の曽良が寄り添うようにしている等身大の銅像が建つ。館内に他の訪問者はなく、豊富な資料をゆっくりと見学した。館の広場は史跡黒羽城跡の三の丸跡であり、一角に「おくのほそみち」の「那須の黒ばねと云所に知人あれば……あたひを鞍つぼに結付て馬を返しぬ」を刻ん

馬に跨る芭蕉の銅像

黒羽城三の丸跡

だ文学碑がある。ここから芭蕉の道を通り、旧浄法寺邸を経て大雄寺《だいおうじ》に至る小径に数々の句碑「鶴鳴や其声に芭蕉やれぬべし」「田や麦や中にも夏のほととぎす」「山も庭も動き入るるや夏座敷」「行春や鳥啼き魚の目は泪」などがある。

黒羽山大雄寺は曹洞宗の古刹で領主大関氏の菩提寺である。昼なお暗い階段の上にあり、「不許葷酒入山門」と刻まれた石柱が参道入口にひっそりと建つ。平日の雨の朝、寺前の手打ちそば屋は「禅味一笑 清流味処」の看板のみであった。

雨中、役場（大田原市黒羽庁舎）に観光交流センターを訪ね、次に向かう雲巌寺への往復方法、地図や時刻表などを手に入れる。バス停手前に浄土宗の光明山常念寺を発見。芭蕉の句碑を訪ねて寄り道、「野を横に馬牽きむけよほととぎす」に出合う。

ここでゆっくりしていると、雲巌寺行バスがもう正面に来ているではないか……。しかし何と、僕を見て止まってくれる。「雨の中をリュックを背負ってバスを見上げるからには雲巌寺へ行く旅人だと思った」と運転手。市営バスで十数キロの距離を二百円の均一の料金にもかかわらず、大変親切な運転手である。他に三組ほどの乗客がいたが、運転手とみんなが顔見知りのようである。帰路のバスはほぼ二時間後に出る。次は遅れないように気をつけなくては。

雲巌寺山門

雲巌寺本堂

雲巌寺はバス停の目の前にあった。五月雨に瑞々しい若葉、朱塗りの橋を渡ると、長い石段の上に格調の高い山門があった。天候の故もあってか、人影はない。山門をくぐると端正な姿の本堂が現れる。

「当国雲岸寺のおくに、仏頂和尚山居跡あり。……山はおくあるけしきにて、谷道遥に、松杉黒く苔むしただりて、卯月の天今猶寒し。十景尽る所、橋を渡って山門に入」

（おくのほそみち）

本堂に向かって右手に姿のよい鐘楼があり、その反対側に句碑がある。

「木啄も庵はやぶらず夏木立」

その全てが雨に打たれて格段の風情をたたえている。雲巌寺は芭蕉の禅の師匠で鹿島の根本寺の住職仏頂和尚が蟄居していたところで、芭蕉はその二年前に「鹿島の月を見んと」根本寺に仏頂和尚を訪ねている。

藪うぐいすの声を聞きながらバスを待ったが、逆方向へ約四キロで茨城県大子《だいご》町に入ることを知った。かつて坂東三十三札所巡りをした際に詣でた八溝《やみぞさん》山の日輪寺も近い。八溝山は栃木、福島、茨城の三県の県境がある場所である。

やがて往路と同じ運転手のバスが時間通りにやって来た。黒羽町で西那須野行きの市営バスに連絡し、雨に濡れた一日を終えた。

黒磯へ

前日に続いて天気予報は「大当たり」で快晴。午後三時頃の電車を黒磯か高久《たかく》辺りでとらえればよいと考え、午前九時にホテルを出る。前方左手に那須連山が美しい。田植えの終わったばかりの水田に稲の苗が整然と並ぶ。全てが機械で自動的に植えられているのを数日前に見たばかりだ。そこには田植え姿の人影はなく、車を操る人がただ一人、前進後退を繰り返していた。

やや単調な国道4号線を直進、左手にブリヂストンの工場敷地の豊かな緑の木々を過ぎると島方《しまかた》の信号があり、新幹線の高架をくぐると東北本線の上を跨ぐ。五〇〇～六〇〇メートル先に那須塩原駅入口がある。振り向くと高架線上を新幹線が駆け抜けて行き、その彼方の背景に那須連山が影絵のように横たわる。芭蕉の歩いた道を超近代的な新幹線が三〇〇キロ近い時速で北へ向かう。山々の姿は同じだっただろう。

国道は直進を続け、大塚新田で少し右寄りにカーブして黒磯

新幹線の背景に見えるのは那須連山

バイパスとなる。旧道は県道303号となって新旧東北線を渡る。ここから市街地を約四キロほど進むと右へ黒磯駅の交差点へ到着する。

予定通りの行程を終えて自宅に戻る。五月の八日である。五月は行事が多く、街道へ戻るタイミングを得ぬままに過ごす間、天候不順、気温差の乱高下が続き、六月十四日に関東地方に梅雨入り宣言が出た。一ヶ月後の七月十七日に梅雨明けの発表から猛暑の毎日が始まった。連日三五度、熱中症の報道にますます街道歩きにはブレーキがかかる。

立秋を過ぎ、「満を持して」旅程作りにかかる。世間一般のお盆休みにぶつかると宿もとり難いし、割引も使えないのである。

黒磯から高久、黒田原を経て一路白河宿へ

横浜は三五度、白河は二八度という予報を見て、勇んで出発。

黒磯駅から街道へ出て約一キロ、真っ直ぐな道を進むと那珂川に架かる晩翠橋《ばんすいきょう》を通る。初代の橋は明治十七年（一八八四）に架けられ、現在の橋は五代目。「冬になっても木々

晩翠橋

愛宕山公園にある芭蕉句碑（左側）

の緑は変わらない」という意味で晩翠と名付けられたという。土井晩翠とは関わりない。

橋を渡りきるとそこから那須町となる。

約一キロほど緩い坂道を進むと左手に愛宕山公園がある。ライオンズクラブの建てた石碑に由来が書かれ、その横に芭蕉の句碑がある。

「落くるやたかくの宿の郭公」

道の右側に那須高原病院がある。

県道303号線から県道211号線が右方に分かれ、JR高久駅に向かう。この駅は無人で、駅前に公衆電話のボックスがあるだけである。店も何もない。

幸いにカンカン日照りではないので、歩くには快適である。稲穂の美しい田んぼが街道の両側に続き、「兎追いし」と口に出るような景色の中を行く。

高久駅

黒田原の町を目前にした街道筋に古典的なそば屋を見つけて昼食をとる。注文してからそばを打つらしい。メニューのそばも「せいろ（ほそめ）」と「しらゆき（ごくぼそ）」「いなか（ふとめ）」とあり、これに具を注文する。僕はせいろを頼んだが品切れで、いなかのおろしを食べる。信州そばよりやや黒めだがくせのない美味いそばに満足する。

黒田原の町を抜け、国道4号線の小島の交差点へ凡そ三キロの県道を辿る。ここからの国道が旧陸羽街道で左右にカーブしつつ、峠道のようなアップダウンの続く那須高原の道が延々と続き、約七キロほどで夕狩《ゆうがり》の集落を通る。この間、歩行者には全く会わない。

更に一キロ半くらいして福島県の県境に達した。県境の川は黒川といい、栃福橋《とちふくばし》（両県の名前を付けた？）を渡る。

街道の右側にヨーロッパ風の建物が現れる。レストランである。レンガの壁、レンガの暖炉の煙突、一瞬、土地勘を失った気がした。

福島県に入って何かが違うと思ったら、道の両側の雑草がきれいに刈り込まれているのに気付いた。

やがて大清水、原中を経て西郷村に入り、新幹線が停車する新白河駅の西側に近づく。この辺は新開地の感が濃く、東北自動車道の白河インターと国道4号線沿いにレストラン、ビジネスホテルなどが多数並ぶ。新幹線は直進して郡山に向かうが、在来線は大きく右に

小原庄助の墓

新白河駅前の芭蕉立像

カーブして白河市の中心、白河駅へと進む。

新白河駅の東口には芭蕉翁の立像が『奥の細道』の一節「心もとなき日数重るまゝに白河の関にかゝりて旅心定りぬ」を刻んだ台座の上に建っている。

白河の市街には枡形の道が多く、中央を通る国道294号線にさえも「十二軒店《じゅうにけんだな》」と呼ばれた大枡形が残っている。屈曲する街路は城下町の典型で、町名にも道場町、大工町、鍛冶町、年貢町、番士小路《ばんしこうじ》などとあり、奥州街道最後の宿場であると同時に小峰城の城下町だったことがわかる。

町なかには美しい千本格子の古民家や白壁の蔵、由緒ありそうな古刹が数多く見られる。

その中の臨済宗皇徳寺に小原庄助の墓があるというので訪れた。墓地の奥まったところに徳利と盃の形をした「塗師　久五郎」こと小原庄助の墓があった。戒名を「米汁呑了信士」といい、辞世「朝によし昼になおよし晩によし飯前飯後その間もよし」がある由で、墓前にガラスのカップ酒が供えられていた。

白河の関は市の中心から南へ約一〇キロの距離にあり、旧陸羽街道（国道294号線）と棚倉街道（国道289号線）の中間に位置している。ここがかつて奥州への玄関口だったとは考え難いが、往時は勿来《なこそ》、念珠《ねず》と共に奥州三関の一つに数えられていたという。

古関跡には「古関蹟の碑」が建つ。これは白河藩主松平定信（楽翁）が寛政十二年（一八〇〇）八月、ここが白河関跡であることを断定して建立した碑であると案内板に記されている。

碑の横から木立の中の長い石段を上ると、延喜式内社白河神社の社がある。社を巡って遊歩道があり、多くの石碑が並び置かれている。古歌碑の一つに有名な能因法師の「都をば　霞とともに立ちしかど　秋風ぞふく白川の関」がある。また、新しいものだが、『奥の細道』の白河の関の一節が俳人加藤楸邨の筆で刻まれている。

隣接して「白河関の森公園」があり、白河の関に関わる遺構、主として源義経や源平合

白河の関跡

古関蹟の碑

戦にまつわる資料などが整備されている。関として機能していたのは奈良時代から平安時代で、その後は「歌枕」として文学の世界で都人の憧れの地であった。公園内には芭蕉、曽良の像と句碑もあったはずだが見落としてしまった。

市内に戻って旅の終わりに白河小峰城を訪ねる。遠目に見ても姿のよい城である。江戸時代に築かれたという石垣は美しく、端正な姿の三重櫓（天主）は戊辰戦争で焼失して以来、約百二十年ぶりに平成三年に木造で忠実に復元された。十四世紀中頃、当主結城近朝《ちかとも》が小峰ケ岡に築城、江戸幕府成立後の寛永六年（一六二九）に初代白河藩主丹羽長重が大改築し、四年後に完成したという。見学は無料だが、三階には一度に五名までの人数制限を定めている。

猛暑続きだったこの八月も、旅の終着地白河の宿は、初夏のような程よい日差しと、湿度の低い心地よい風が前御門を通り過ぎて行った。

白河小峰城

まとめ

日光街道を歩き始めた時から、今度の旅は芭蕉翁の影法師と追ったり追われたりの道中になるだろうと思っていた。実は東海道でも中山道でも、そして前回の甲州街道でも芭蕉翁の足跡があった。それが今度のみちのくの旅では『奥の細道』と重なるだけに室の八島や黒羽へ寄り道して、翁が見た物象に触れる楽しみを味わった。

一方、江戸幕府直轄の五街道の地理・歴史的考察は「歩行」という肉体的苦行を和らげて完遂を可能にした。

日光街道（または日光道中）は千住―宇都宮間十七宿にその先日光までの四宿を加えて二十一宿、約一四〇キロ。奥州街道（または奥州道中）は同じ千住―宇都宮間に白河までの十宿を加えた二十七宿、約二二〇キロである。

だが、これら二街道、特に奥州街道は東海道五十三次や中山道六十九宿のように宿場の形態（見附、本陣、脇本陣、問屋場など）がはっきりしておらず、整備されているはずの一里塚の跡も特定できないのが実情で、宿場を辿りながら道を進むのは困難であった。

街道歩きがブーム化し、旅の案内書が溢れている昨今でも、行政の区分ごとに観光産業に対する考え方が異なり、史蹟の保護や維持などに大きな格差が生じているのは否めない。江戸幕府が街道奉行を配し、五街道の管理を一元化しようとして一里塚を設けたりしたのも同じ悩みの解決策だったのだろう。

僕は五街道を完全に歩き終えるのに足かけ五年の歳月を費やした。芭蕉が白河の関まで来て「心もとなき日数重るままに白河の関にかかりて旅心定りぬ」と洩らしたように、僕もどうやら五街道を経て旅心が定まった感じがする。

〔コラム〕宿場

ブリタニカ国際大百科事典では次のように書かれている。
「宿駅ともいう。江戸時代、五街道や脇往還において駅逓事務を取扱うため設定された町場をいう。公用人馬継立てのため規定の人馬を常備し、不足のときには助郷を徴した。また公武の宿泊、休息のため問屋場、本陣、脇本陣をおいた。これら公用のための労役、業務については利を得なかったが、幕府は地子免除、各種給米の支給、拝借金貸与など種々の特典を与え、宿場の保護育成に努めた。ほかに一般旅行者を対象とする旅籠《はたご》、茶屋、店舗、市場などが立並び、その宿泊、通行、荷物輸送などで利を得た。宿場を中心に発達した町が宿場町である。幕末には一部疲弊していったところもあるが、鉄道開通まで内陸交通の中心として繁栄したところが多い」

僕が街道を歩く時は常に次の宿場を目指すが、五街道中、東海道のように五十三駅が全て整備されているのは稀であった。

宿場には問屋場、本陣、脇本陣が設けられ、一般旅行者用には旅籠《はたご》、木賃宿《きちんやど》が設けられ、茶屋は旅人向けの休憩場で簡単な食事、茶、酒などを供していた。今日の街道筋にはいろいろな道路標示が置かれており、この宿場の英語の表示に「Inn」というのがあったが、「Inn」は「小旅館」とでもいうべき建物を指すから誤りである。宿場の意味に近いのは「Stage」だろうか。昔の名画『駅馬車』の題名は『STAGECOACH』という。アメリカ西部の町と町を繋ぐ乗り物（馬の牽く幌馬車）だからである。

安藤広重『東海道五十三次』「藤川宿」
（国立国会図書館デジタルコレクション）

現在の藤川宿

〔コラム〕道祖神

街道歩きの楽しみの一つに数々の道祖神との出会いがある。

道祖神は悪霊や疫病の侵入を防ぐために、村の入口、峠、辻などに祀られている神で、主に石碑や石像で表されている。

信州などでは男女ペアの双体道祖神が旅人の心を和ませてくれる。

近代では村の守り神であり、子孫の繁栄や旅の安全までも信仰の対象とされている。サエノカミ（塞の神）、ドウロクジン（道陸神）とも言われる。

道祖神は二一五頁コラム〈庚申塔・庚申塚〉と共に大都市の片隅で見つけることがある。旧道が残る駅前の商店街の一角や路地裏といった身近な場所にひっそりと佇んでいる。

双体道祖神

水戸街道

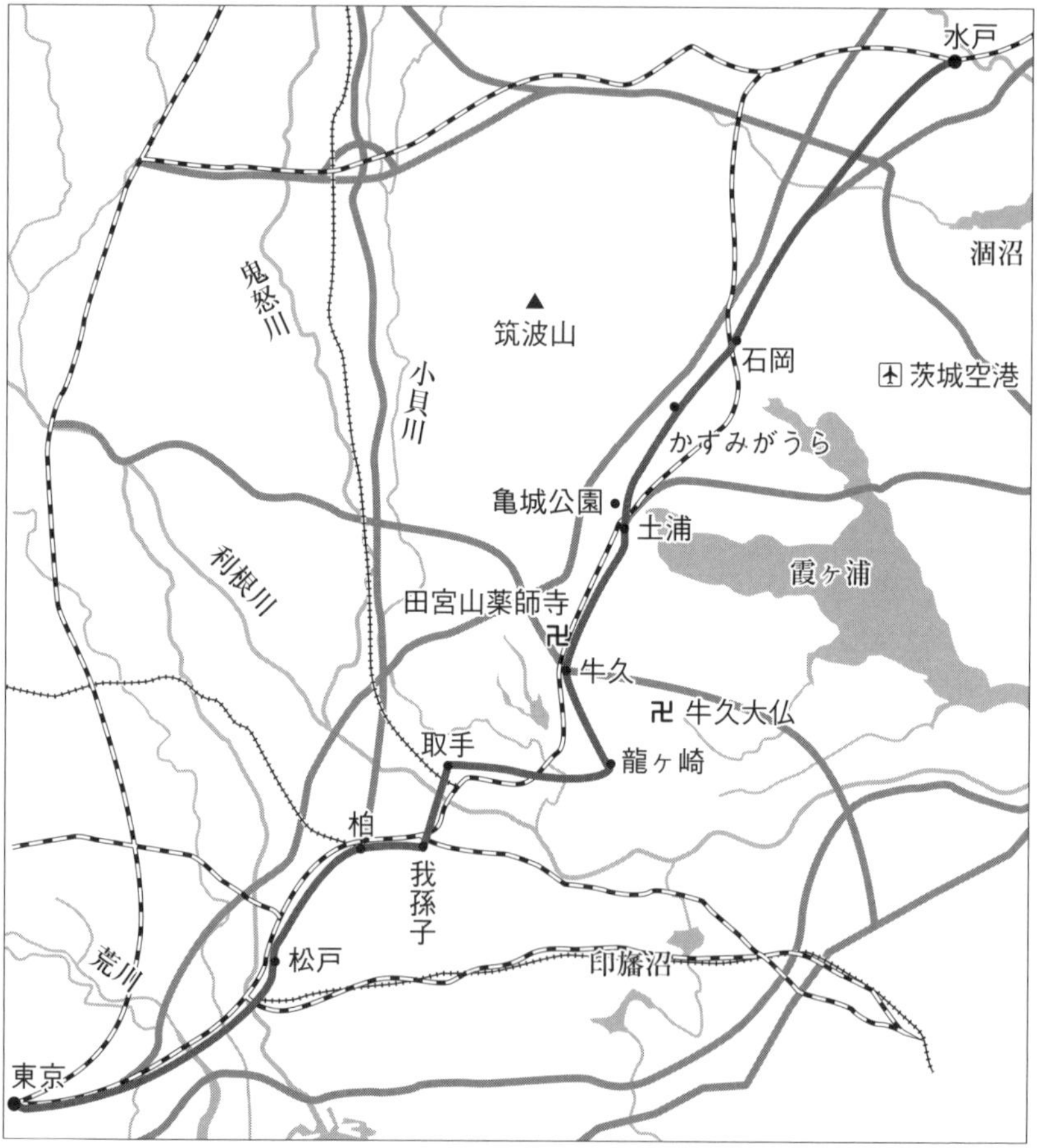
水戸
涸沼
筑波山
鬼怒川
小貝川
石岡
茨城空港
かすみがうら
亀城公園
土浦
霞ヶ浦
利根川
田宮山薬師寺
牛久
牛久大仏
取手
龍ヶ崎
柏
我孫子
松戸
荒川
印旛沼
東京

主要な街道へ

五街道を歩き終えた後の平成二十三年（二〇一一）三月十一日、東日本を大震災が襲った。そのために予定していた白河以北のみちのくへの道は断念せざるを得なくなった。復旧を待って後日に実行することとして、五街道に次ぐ主要な街道を徐々に歩こうと思い立った。

その第一に選んだのが水戸街道である。約一一六キロの道、起点は日本橋。この道は津軽をはじめ東北二十余藩が参勤交代の際に利用したと言われ、江戸時代には五街道に次ぐ主要な街道であった。

日本橋─浅草─向島

日本橋、五街道の全てがここを起点としていた、江戸の中心である。今、下を流れる川を日本橋川と呼ぶが、元は平川と言われ、橋は慶長八年（一六〇三）頃架けられ、木橋で

今の日本橋

浅草観音雷門

全長三十七間四尺五寸（約六八メートル）、幅四間二尺五寸（約八メートル）。現在の橋は明治四十四年（一九一一）に架けられたもので、長さ四九・一メートル、幅二七・三メートルの石の橋である。橋に書かれた「日本橋」の文字は徳川慶喜の直筆と言われている。我々がいう「日本橋」とは橋そのものというよりはむしろこの辺一帯の土地を指している。日本橋小舟町、人形町、小伝馬町、室町……のように。

　水戸街道は室町の交差点で右折する国道6号線に沿って進む。小伝馬町、馬喰町と古くからそのまま残る町名の道を更に進んで、浅草橋、蔵前を経て駒形、浅草の中心花川戸《はなかわど》に至る。

　この辺りで寄り道をすると街道歩きへなかなか戻れないが、都バス花川戸のバスストップから左に折れると観音様の二天門へ出る。ここに浅草観音の壮大な本堂があり、隣に三社祭で知られる浅草神社がある。またその隣に江戸の町火消十番組の組頭新門辰五郎に所縁のある被官稲荷があって、「安政二年九月　新門辰五郎」と刻まれた鳥居や石灯篭などがある。これら江戸自慢の見所がありながら、浅草観音が坂東十三番目の札所であることを悔しがった江戸っ子が、皮肉と負け惜しみともいえる川柳を詠った。

「江戸自慢十三番目がこれくらい」

花川戸へ戻り、旧名猿若町の交差点で言問通りを右折し、言問橋で隅田川を越えて向島に入る。真正面に完成間近の東京スカイツリーが迫る。最初の十字路で左折、右角に牛嶋神社があり参拝。

言問橋から見た東京スカイツリー

街道に戻って左手に並行する川沿いの道に三囲《みめぐり》神社があり立ち寄る。ここ向島は桜の名所でもあり、江戸時代のリゾート地でもあったようで、池波正太郎の『鬼平犯科帳』などによく出てくる土地柄の一つである。神社境内には芭蕉や其角などの句碑や歌碑が多数ある。江戸落語にもしばしば出てくるから知名度も高い。街道に関わりはないが、三囲の対岸が今戸《いまど》で、待乳山聖天《まっちやましょうでん》や山谷堀《さんやぼり》など浅草に縁の深い地名が多い。

三囲神社の故事来歴は古い。

三囲神社の草創は定かではない。建立されたのは弘法大師の頃、つまり平安時代初期にまでさかのぼると伝えられている。御祭神は宇迦之御魂命（うがのみたまのみこと）で、「宇迦」は穀物を示す。京都・伏見稲荷大社の主祭神でもあり、広く〝お稲荷さん〟という呼称に掛けて、〝三囲稲荷〟という別名でも呼ばれている。（中略）三囲神社の〝囲〟の文字には三井の〝井〟が入っている。そのため、「三囲はすなわち三井に通じ、三井を守る」と考えられた。長く崇敬されてきた歴史があり、今なお三井家とのゆかりは深い。

（中略）

三囲神社の名称は、南北朝時代の伝説に起因する。近江三井寺の僧・源慶がこの地を

三囲神社鳥居

訪れ、荒れ果てた小堂を発見。それが弘法大師の建立した社だと知った源慶は、直ちに社殿の再建に着手した。社地から発掘された壺から老翁の神像が見つかり、どこからともなく白狐が現れ、その御神体の周囲を三度巡って去っていったという伝説だ。

時代は下り元禄六年（一六九三年）、江戸は厳しい干ばつに見舞われた。雨乞いを祈願する農民たちに、俳諧の達人・其角（きかく）は「夕立ちや田をみめぐりの神ならば」と詠んだ。この句では〝三囲〟と〝見巡り〟が掛け言葉となっていて、神前に奉じた翌日には雨が降り、その霊験は江戸中に広まったと言う。（三井広報委員会ＨＰ）

句碑「白露や無分別なる置きどころ」西山宗因
「山吹も柳の糸のはらミかな」宝井其角
「和らかくかたく持ちたし人心」五世川柳

東向島の交差点は直進するが、ここで左折すると百花園が近い。今日はここからも新しい東京のシンボルとなるスカイツリーが庭園のすすきの穂と共に午後の日に輝いていた。百花園は江戸の町人文化が花開いた文化・文政期（一八〇四〜一八三〇）に、骨董商を営んでいた佐原鞠塢《さはらきくう》が、交遊のあった文人・墨客の協力を得て、草花鑑賞を中心とした花園として開園。三百六十本の梅の木を植えたことから当時亀戸にあった「梅屋敷」に倣っ

向島百花園

て「新梅屋敷」と呼ばれていたが、文化六年（一八〇九）頃から「百花園」と呼ばれるようになった。後に東京市に譲渡され、昭和十四年（一九三九）に公営の公園となった。そして昭和五十三年（一九七八）に文化財保護法により国の名勝・史蹟に指定された。

芭蕉句碑「春もややけしきととのう月と梅」「こんにやくのさしみもすこしうめのはな」など二十九の句碑石柱がある。

近くにある白髭神社に詣でて街道に戻る。

向島―金町―松戸

二日目の目標は松戸である。

最初に荒川に架かる四つ木橋。五〇〇メートル近い長い橋だ。河川敷の広い草原で三頭の犬（警察犬？）が訓練している。

四ツ木、立石、青戸を抜けると次は中川大橋で渡り、新宿《にいじゅく》に入る。新宿は江戸時代、水戸・佐倉の分岐点で江戸から二番目の宿場として賑わったという。今や宿場の面影はないが、宝蓮寺、西念寺などの古刹と日枝神社がある。

そのまま真っ直ぐ進み、金町で柴又へ行く京成金町線の踏切を渡る。柴又帝釈天は右方、南へ約一・五キロのところにある。

やがて江戸川で東京都が終わる。江戸川は何故か波一つない。静かな沼のように流れを感じない。下手《しもて》にある矢切の渡しも穏やかなことだろう。

橋まで続いていた道沿いの店舗が絶え、空き地が目立つようになった。左手の浅間神社は三月の震災被害で拝殿が傷み、危険なために近寄れない。石段下の仮拝殿に参拝した。

千葉大学の園芸学部の門を左に松戸隧道へ入る。一〇〇メートルそこそこのトンネルで歩道もしっかりついていて安全であった。

そこから二つ目の信号で左折し中央公園を迂回すると、スーパーがある。不思議なことに入ったのは四階か五階だったはずなのに二階までエスカレーターで下がると松戸駅前に出た。

松戸—柏

三日目、文化の日である。ゆっくりと家を出て十一時少し過ぎに松戸へ着く。

前回覚えた不思議なスーパーの中を抜けて水戸街道に戻る。街道には上り下りはあるものの至極単調で、十一時二十分には北松戸駅前の中華そば屋で餃子＋半ライスを食べ、そのまま単調な道を歩き続ける。

馬橋駅を左手に八ケ崎《はちがさき》を通り、武蔵野線のガードをくぐり二ツ木、小金原の町を抜ける。二ツ木には古墳があったらしく、教育委員会の立てた白木の杭には「二ツ木向台遺跡」とあり、縄文時代の貝塚の跡と記されていた。傍には「蘇羽鷹《そばたか》神社」があり、この街道では珍しく六基の庚申塔が

庚申塔

建っていた。

やがて常磐線の上を通って少し進むと、街道に「流山市」の表示が現れる。ということは僅か数キロ先の南柏駅の手前までで、流山市の東南の一角と思われる。

柏市に入ると急に大都市の一部へ入った感がする建物が増える。南柏駅を過ぎて直ぐ左に「旧日光街道入口」がある。越谷、春日部、幸手などを経て日光への旧道であろう。この柏の街の変貌は目覚ましい。一九八〇年代だったろうか、近代的な都市化が進み、大手デパートの出店が強い後押しになって東京の一大ベッドタウンとなり、鉄道網も一段と強化された。国道16号線が水戸街道と交わっているのもこの地の有利な環境であった。

柏—我孫子—取手

十一月七日、今日は暦の上では立冬、予報では最高でも二〇度を割るという。幸いに薄日が当たっている街道へ出る。

最初の目標は呼塚《よばつか》の交差点。千葉から環状線のように埼玉県を抜け、八王子を経て横浜、横須賀まで通じる国道16号線との交差点である。

信号を渡ると右側に大きな建物が目に入る。「迎賓館マリベール柏」とあって結婚式場である。まるでワシントンのホワイトハウスみたいな建物と、隣接する尖塔のある教会はマリア・チャペルである。今日は式もないらしく寂として人影もない。

街道は多少のアップダウンはあるが概ね単調である。北柏駅に近い台田《だいだ》の手前で我孫子市に入る。「東京まで33㎞」の表示があった。丁度ファミレスの前を通ったのが十二時十五分、軽い昼食をとった。一番小さいハンバーグに小ライスとエスプレッソコーヒーで計七百五十四円であった。安くて便利、よい選択だった。十三時に満足して出発する。

僕の知っている我孫子は遠い昔、昭和二十一～二十二年頃、国鉄で松戸より先は長距離扱いで切符が自由に買えず、松戸で柏までの切符を手にして後は歩いた記憶がある。その時、柏—我孫子間は水戸街道ではあったが舗装されていたという記憶はない。中学時代の親友が、肺結核のために一家で手賀沼の畔に移り住んでいた。彼を訪ねたのだが、その何度目だったかは悲しい別れだった。火葬場が手賀沼の対岸にあり、故人の兄と僕ともう一

利根川

人の友とでリヤカーを引いた記憶が生々しく思い出された。

柴崎で街道の左側に我孫子警察署を見て十四時、更に一時間ほど歩くと彼方に利根川の広い河川敷が見渡せる。大利根橋にかかり、少し行くと「東京から三七キロ」の表示板がある。橋は優に一キロ以上の長さがある。久遠の流れは「坂東太郎」の名に相応しい堂々たるものであった。渡りきるとそこに「東京から三八キロ」の表示板と「取手市」「茨城県」の入口表札がある。ここから藤代駅までは約七キロあり、十六時三十分には着けると思ったが、今回は取手で打ち切り、帰宅することにした。

前述の僕の我孫子回顧には「つづき」がある。何度目かの帰りの夜道、切符はあったが帰りの列車が来ないことがあった。僕達は構内に停まっていた貨物列車に目を付けた。上り線にいるから東京方面に行くだろうと勝手に思い込み、密かに積荷の少ない無蓋貨車に乗り込んだ。お土産に戴いたふかし芋を食べながら着いたのは何と船橋。それでもそこからは電車区間だから総武線の電車に乗って帰宅することができた。

取手―藤代―牛久

前日（十一月十一日）はこの季節最低の気温十一度弱で、終日の雨天とがらりと変わって天気予報も洗濯日和だと宣言した。

前回同様に遅いスタートとなり、十一時二十分に取手駅に着き、直ちに歩き出す。街道をほぼ二キロ、約三十分歩き、取手消防署のある井野でファミレスに入って昼食をとる。味、量共に満足。

土曜日でも国道の交通量は激しい。二キロ半ほどで国道6号線は二股に分かれ、旧道で藤代駅経由の右側を選んで進む。この二股の分かれ道の地名が面白い。「小浮気」と書いて「こぶけ」と読む。小さい浮気とは読むわけがないが……。

旧道はさすがに車の通りも少ない。駅前を過ぎ直進すると小貝川《こかいがわ》にぶつかる。文巻橋《ふみまき》を渡り龍ケ崎市に入る。更に幸谷《こうや》橋を渡って進むと右手に佐貫駅がある。JRの他に関東鉄道の龍ヶ崎線の始発駅でもある。その先の八間堰の信号で小浮気で分かれたもう一本の道と再会する。

やがて左手に「牛久沼」の表示が立ち、その奥に牛久沼の水面が見えてくる。街道からは見えにくい位置に牛久沼水辺公園があり、街道沿いの水辺にはうなぎ料理の店がある。

面積三・四九平方キロ、周囲長二五・五キロ、最大水深三・〇メートルの淡水、全域が龍ケ崎市に属し、利根川水系の小貝川支流に含まれる沼である。うな丼は「牛久沼が発祥の地」といわれている。国道6号線沿いをはじめ沼付近（龍ケ崎市庄兵衛新田町など）には現在でも鰻料理店が多い。食べては直ぐに寝て怠けて牛に

なってしまった小坊主の話「牛になった小坊主」はこの沼がモデルと言われ、その時の牛の尻尾が同市の金龍寺に保管されているという。因みに牛になった小坊主はこの沼に入水自殺をはかり、以後「牛を食う沼」＝「牛久沼」と名付けられたともいわれる。牛久沼には昔から河童伝説がある。河童を牛久沼周辺の木に縛りつけたが、かわいそうになって、逃がしてやったら、草刈をしてくれたなど様々な伝説がある。（ウィキペディアより）うしくかっぱ祭りは昭和五十六から始まった牛久市内最大の祭りで、例年七月の最終土日に開催される夏の風物詩となっています。（牛久市観光協会）

この先で成田方面に向かう県道と立体交差しており、土浦方面への国道6号線はその下を直進する。一キロほど進むと右側を常磐線の電車、列車が伴走するように走りぬけて牛久の市街地へ入って行く。やがて街道左手に牛久シティホテルの本館とアネックスが現れ、更に一キロほどで右側に牛久駅があった。牛久大仏を詣でるつもりだったが、駅から八キロ近くあるので、次回に必ず訪ねることにして、この日の歩きを終えた。十五時五十三分、上野行快速に乗る。牛久駅の発車合図の曲は「オー・シャンゼリゼ」だったのに少なからず驚いた。

牛久大仏初詣で

年が明けて平成二十四年一月十日、成人の日の三連休が明けて平常のカレンダーに戻った日でもあり、通勤時間を避けての遅い出発となった。今年は辰年、僕は年男でもあるが、新年の初詣では鎮守の熊野神社と近くの八幡様に詣でたのみであったので、前回果たせなかった牛久大仏に新年の祈りと誓いを捧げることにした。

上野から十二時十分の特別快速に乗ると牛久に十二時五十三分に着く。大仏のある牛久アケイディアという名の施設は駅から八キロ強あって、関東鉄道のバスが平日は一日五往復しかない。バスはその時、出た直後であった。バスで三十分、タクシーで十五分という。やむを得ず、駅前に並ぶタクシーのお世話になる。かなり都会を離れた場所を走るが道は新しく、広い立派な舗装道路である。

正式名称を「牛久阿弥陀大仏」といい、浄土真宗東本願寺派本山東本願寺霊園である。完成は一九九二年十月三十日で、「科学万博つくばEXPO'85」の頃に造営の計画がスタートしている。大仏の高さは一二〇メートルで、ギネスブックで世界一大きいブロンズ像の大仏と認定されている。何しろ奈良の大仏が牛久大仏の手の平に乗ると言われる。とにかく大きい。更に驚かされるのは大仏の内側は、五階まで上がるエレベーターがあり、三千四百体もの胎内仏が整然と並ぶ広さと輝きである。見て回るのにたっぷり一時間はかかる。

帰路は幸いにバスの時間に合わせたので十四時三十五分のバスでＪＲ牛久駅へ戻る。

牛久大仏

牛久から土浦への道

田宮山薬師寺

牛久大仏へ初詣でを果たしたものの、平成二十四年の春先は異常天候が続き、特に北茨城地方は定まらぬ。また、東関東の地震の続発に加えて時ならぬ集中豪雨、雷、雹などが連日のように発生して往く手を阻み、街道歩きの旅人にとって最悪の日々が続いた。やがて水戸では梅の便りが流れ、各地に桜の開花が賑やかに伝えられた。僕にとって、短い距離を残したまま、いたずらに時は流れた。そして六月、梅雨の合い間の好天を逃すことなく、十四日朝、日帰りの旅程を立てて家を出た。

牛久からのスタート、それも十一時三十分で昼に近い。しかし梅雨の合い間とはいえ快晴である。

街道を北に向けて歩き出して直ぐに左側の薬師寺に立ち寄る。参道が古木に覆われ日を通さない。田《た》宮《くう》山薬師寺といい、「お目覚め薬師様」と呼ぶ。弘仁七年（八一六）、徳一和尚の開基と伝えられているが、幕末の頃から百年以上も無住の寺だったという。現代になって蘇ったので、永い眠りから覚めた「め（心眼）の薬師さま」として復活、崇敬されるようになったと言われている。立派な鐘楼があって、その四方の角に四方神の像が建つ。

街道に戻ると町名も田宮となり、道端の植木の中に「田宮一里塚跡」の白い角柱が建つ。昼食を沿道のファーストフードで済ませ、猪《しし》子《こ》町を抜け、ＪＲひたち野うしく駅を右に見て通る。この辺りは町全体が新しく、道は広く、店舗も都会風で新鮮である。

少し行くと土浦市へ入り、地名も荒川沖となり、ＪＲ荒川沖駅も近い。信号機に付けられた表示板に「荒川沖一里塚」とあるので、付近を探すが見当たらなかった。

田宮一里塚

そのまま直進、沿道には巨大なスーパーやレストランと自動車販売店などが並ぶ。道は真っ直ぐに続き、中村の陸橋で複雑に交差するが、そこで国道6号線と分かれて国道354号線に入って永国《ながくに》を過ぎる。中高津から下高津へ緩いカーブの坂を下ると眼下に土浦の市街地が展開する。

桜川を土浦橋で渡り、市内を直進すると土浦市立博物館の石垣を模した建物が目に入る。右角が土浦城跡を中心の亀城《きじょう》公園である。

大戦中に活躍した土浦海軍航空隊があった都市とは想像もできない平和な、静かな地方都市である。ふと、予科練で散った友人のことを思い出し、程近い霞ヶ浦の空を眺めて今日の旅を終えた。

土浦から

その後、連日三〇度を超える猛暑が続き、マスコミが熱中症で倒れて病院へ緊急搬送された人の数を伝え、その予防対策を繰り返し訴えていたのも一因で、僕の街道歩きにもブレーキがかかっていた。

八月に入り、長期予報から日を選び、八月九日午後、土浦へ向けて出発した。土浦近郊を歩き、一泊して翌日に早朝から水戸へ一挙に進もうという計画である。

桜川に架かる土浦橋

亀城公園の土浦城跡

前回来た道を逆に辿って、亀城公園まで行く。真夏の平日の午後、木陰で草刈りをする管理人の姿しかない。ゆっくりと城址を散策し、散在する古民家を訪ねた。

「ほたて」という天ぷら屋の暖簾をかけた古い木造の店舗が人目を引いていた。明治二年創業の保立食堂である。中城通りではもっとも古い店の一つと言われ、現在、六代目が店を継いでいるという。戦時中は予科練の指定食堂で、二階の座敷が家族との面会場所になっていた。

また、この店の角には「桜橋跡」の石柱が建っている。市内を流れるのは桜川、地名にも桜町があって、亀城公園をはじめ桜川の堤桜、新川の堤桜など桜の名所が各所に見られる。

そんな散策中に見つけたのがドイツパブレストラン〈エルベ〉。中央一丁目の小道の傍らにドイツ国旗の三色を見つけて近づくと、営業中だが人の気配がない。思い切って重いドアを押すと、中はドイツ。メニューにはかなりの種類のドイツビール、中でも驚いたのは、僕が好んで飲んでいたクロンバッハ・ピルツがジョッキで飲めること。大盛りのチーズを前に一人で悦に入る。まさか土浦で二十年余以前の友に会えるとは……。よい気分で無粋なビジネスホテルにチェックインする。

翌朝、比較的涼しい朝を迎え、ホテルの朝食を済ませて八時三十分に出発。亀城公園を通りぬけて水戸街道を北へ進む。左手の浄土宗浄真寺へ寄り、高野長英の墓を訪ねる。

保立食堂

土浦市内

この道は県道125号線、緩やかな上り坂を進み、右に土浦一高を見て中貫《なかぬき》で国道6号線に合流する。次第に人家から離れ、左右に緑の木々が深くなる。

市街地に入り、やがてJR石岡駅のレトロな建物の前に出る。隣にバスターミナルがあり、先頃話題になった茨城空港行きのバスが発着する。

石岡は大化の改新（六四五年）の後、常陸国の国府として府中と呼ばれ、水に恵まれた米どころ、酒どころであった。

市内を散策しようと思ったが、真昼の時間帯になって気温は一気に上がり、体感で三〇度を超え、直射日光が容赦なく照りつける。水の補給は充分にしているが、この街道には日陰が乏しく、残りの二〇キロ余を歩くのは危険と判断せざるを得ず、昼食をとってから駅構内の観光案内所にバスの運行状況を訊ねに立ち寄る。一時間後に水戸市内へ直行するバスがあるのがわかり、迷わずに決める。JRの駅で羽鳥《はとり》、岩間、友部、内原、赤塚を経て水戸まで六駅ある。街道筋の宿場も竹原、堅倉《かたくら》、小幡《おばた》を経て長岡を通る。バスで約一時間半であった。水戸街道歩きは残念ながら日本橋―石岡間となり、最終区間の石岡―水戸間の約二七キロはバスに頼ってしまった。

駅に繋がる広いテラスに当地のシンボルであろう水戸黄門と助さん、格さんの彫像がある。帰りの列車の時間を決めて、駅に最も近い水戸城跡を訪ねる。人気《ひとけ》は少ないが、遺跡の

水戸駅前の黄門一行

水戸城本丸跡薬医門
（現水戸一高）

多い丘を上ると蝉しぐれが迎えてくれる。

　水郡線の上を渡ったところに県立水戸一高があり、ここが水戸城本丸の跡である。前身の茨城県尋常中学校が明治二十九年（一八九六）に新築、後に水戸中学校となり、昭和二十年の空襲によって焼失している。正面に旧水戸城の現存する唯一の建造物で、重厚かつ華麗な薬医門が建つ。薬医門とは扉を支えている本柱とその後ろにある控柱で支えられた屋根の棟の位置を中心からずらす形式で、側面の姿は対象形ではない。正面から見ると、軒が深いため、門はゆったりとして威厳があり、大名の城門に相応しいので多く造られた。

弘道館前の徳川斉昭の銅像

　手入れの行き届いた城址公園の道を進むと丁字路に出るが、そこに旧弘道館がある。角に徳川斉昭の像が建っている。道に沿って進むと白壁の塀が続き、途中に鳥居のような「三の丸小学校」の門がある。途中、随所に案内の立て札があり、訪問者へ深い配慮が窺えた。

坂を下り、水戸駅からの帰途についた。

まとめ

今回の街道歩きは最終区間をバスに乗ったため、実際に歩いたのは十五万六千二百四十三歩、一二二・二キロ（バスを入れるとプラス約二七キロ）、正味六日の旅であった。往時の旅人は通常二泊三日の行程だったという。

水戸街道は極めて平坦で、大きな起伏は皆無。松戸までは殆ど都会の市街地、我孫子付近から緑が増え、利根の大河を見て牛久辺りから稲作の風景に触れる。土浦は霞ヶ浦の北端の静かな小都会だが、少しばかり戦時中の匂いを嗅いだ。

「七つボタンは桜に錨……」

この街道には一里塚とおぼしき表示はあったが、五街道で見たような塚や榎はなく、宿場の面影は見られなかった（石岡からのバスでの移動中に街道の両側に一里塚があり、江戸時代に植えられた榎の木があると後から知った）。

〔コラム〕庚申塔《こうしんとう》・庚申塚《こうしんづか》

庚申とは干支《えと》の一つ、かのえさるにあたる日の禁忌中心の信仰。

中国では道教の説で、庚申の夜、三尸《さんし》という虫が睡眠中に人体を抜け出し、人の罪過を天帝に報告するので眠らずに防ぐという風習である。

この守庚申《しゅこうしん》の行事が平安時代日本に伝わり、後に民間信仰となった。サルを神使とする山王信仰と習合、サルの信仰と結びつき、像に干支の申《さる》に因んで三猿（見ざる、言わざる、聞かざる）を彫ったものが多い。また、仏教では青面金剛《しょうめんこんごう》が彫られ、神道では猿田彦が彫られている。

三猿の庚申塔

青面金剛の庚申塔

街道から宿場へ

海野宿（北国街道／長野県東御《とうみ》市本海野《もとうんの》）

海野宿《うんのじゅく》は最近、何故か評判が高くなった宿場で、以前、北国《ほっこく》街道を小諸から上田まで歩いた時には立ち寄らずに通り過ぎてしまった経緯があるので、この度はこの宿場を目指して旅に出た。

しなの鉄道は旧信越本線の軽井沢から上田、篠ノ井を通って長野へ通じているが、その小諸と上田の中間にある滋野《しげの》駅で降りて西へ向かう。この駅近くは同じ北国街道の田中の宿でもある。

駅を出ると街道までずっと上り坂。国道18号線に出ると信号機に「牧家《ぼくや》」とあり、更に上り坂を進むと一・三キロの所に「力士雷電の生家」がある。遠い背景に浅間の山々が連なり、赤トンボが舞う、のどかな信濃の農村風景である。国道（街道）まで下がり西へ三キロほど進むと右に「東御」市役所があり、前面に巨漢「力士雷電」の銅像があった（二五四頁コラム参照）。

左へ下ると田中駅に出るが、宿場らしい建物は見当たらず、細長く続く旧道を行くと次

この近くに力士雷電の生家がある

海野宿案内板

海野宿

の海野の宿場の入口になる跨線橋に出た。そこから坂を下ると「重要伝統的建造物群保存地区」に指定されている海野宿の家並みに到着した。

入口にある海野氏の氏神である「白鳥神社」を詣でて、宿場中央を六〇〇メートル余続く道に入る。水路が通り、両側に古い建物が並ぶ。出桁造りと長短二本ずつの海野格子のある江戸中期に建てられた旅籠屋があり、当時は九十五軒あったと言われる。立派な「卯《う》建《だ》つ」の上がる家が続く。

海野宿の福島屋

ただ残念ながら、住居として使用されてはいるが、商いをされているのは二割にも満たず、訪れる観光客による賑わいは全く見られず、同じ長野県で保存地区に指定されている奈良井、妻籠、木曽平沢と較べ寂しい感が拭えなかった。観光客招致のネタに乏しいからだろうか。蚕で栄えた宿場と言われていたが、蚕に関わりのある物品も見当たらず、食べ物店も最少で、特産品などは置かれていないようであった。日曜日にも拘わらず、宿場入口近くの駐車場にバスの姿はなく、普通乗用車の数も満車には程遠いのに奇異さえ感じた。

ここからは国道へ戻り、しなの鉄道の次の駅、大屋へ向かう。国道に面白い地名を発見したので思わずシャッターを切った……一字「和」を「カノウ」と読ませる。信号機についた地名の表示には「和」のみでひらがなのルビはなく、僕が「カノ」と読んだのはローマ字でそう書かれていたためであった。近くの別の信号機にもアルファベットで「TomiCity Kano とあった。大体、「東御」を「トウミ」と読むのが難しい。

大屋駅に向かう途中、街道の左側にこんもりとした丸い一里塚のような小山を見て、手元の地図で確認すると「中曽根親王塚古墳」であることを知った。

「和」の信号機

大屋駅を過ぎると上田の手前に信濃国分寺がある。しなの鉄道の同名の駅舎は日本建築で優雅な建物だ。街道左側には駅に続いて広々とした国分寺史跡公園がある。国分寺は街道を横切った坂の上にあり、国の重文である美しい三重塔は室町時代に再建されたものだという。こちらも日曜日にも拘わらず、観光客の姿はまばらだった。

信濃国分寺

柏原宿（北国街道／長野県上水内《かみみのち》郡信濃町柏原《かしわばら》）

次に選んだ宿場は海野宿と同じ北国街道の柏原宿である。小林一茶の生家を訪ねるのが目的であった。

朝は天に抜けるような青空だったが、信越本線の古間《ふるま》駅を降りると雲が低く垂れ下がり、雨の匂いがする天気に変わっていた。

柏原宿には一つ先の黒姫駅が近いが、古間の宿を通ってみようと思い歩き出した。四キロ弱の短い宿間距離の道である。

国道の割には車の流れも少ない。街道の正面には戸隠、飯綱、黒姫の連山が墨絵のように居並び、進むにつれて黒姫が目前に迫ってくる。

やがてポツリと来た雨は本降りに近くなった。幸いにガソリンスタンドがあったので声を掛けて一刻

の雨宿りをさせてもらう。小降りになるのを待って、持参の折り畳み傘をさして出る時、ご親切に声を掛けてくれた車の主に「柏原は街道を二つ目の信号で左折すると直ぐですよ」と言われて安心して歩き出した。

一つ目の信号は一キロほどの所にあった。だが、次の信号はなかなか近づかない。これは以前の街道歩きで経験した、「車」「自転車」などの人に道を聞くのは止めた方がよいという教訓である。自分でも覚えがあるが、車で「直ぐ」という感覚は歩く時間とは全く違うと思わなければいけない。

そうこうしている内に街道右手に小林一茶の生家と記念館があるではないか。今回は柏原を訪ねるより一茶の生家を訪ねるべきだったようだ。それは七十年前に来た時の記憶とは程遠いものであった。

道路傍の旧宅と同じ敷地内に土蔵が残されていて、旧宅脇に自然石の句碑が建っていた。信濃町教育委員会による説明の木札によると、

門《かど》の木も先《まず》　つゝがなし夕涼《ゆうすずみ》

「寛政三年紀行」真蹟拡大

一茶旧宅

一茶記念館内にある屛風

十五歳で江戸に出た一茶は、一七九一（寛政三）年、俳諧師となって十四年ぶりに帰郷しました。

この句はそのときの感慨をよんだものです。

とある。旧宅手前の左側には一茶最古の句碑と言われる碑がある。

「松蔭に寝て喰う六十余州かな」

道端には他にいくつもの句碑があったが、どうしても読解できなかった。

ＪＲ黒姫駅（旧柏原駅）には「蟻の道 雲の峰より つづきけん」の句碑があり、黒姫高原に住むＣ・Ｗ・ニコル氏による英訳の木札が立っている。

“The ants path ~ Does it not reach To yonder Cloudy peak ?”

柏原駅は高原の観光開発に伴って昭和四十三年に黒姫駅に改名したとのこと。本陣跡は石畳と切石のみが残っている。

なお、信濃町内には古碑十四基を含む百十六基の句碑があるという。その中には「是がまあつひのすみかか雪五尺」や「我と来て遊べや親のない雀」「やせ蛙まけるな一茶是にあり」などがある。

一茶句碑

黒姫駅にある一茶句碑

遠州を歩く
——東海道のわき道

「するが路や　花橘も　茶の匂い」は芭蕉の句。「旅行けば　駿河の国に　茶のかおり」は広沢虎造の名調子の一節である。

　僕が今度歩いた遠州森町辺りも茶畑が丘の斜面に広がる。かつて旧東海道、小夜の中山を越えた時に通った牧ノ原では茶畑の菊川坂を下り、茶の香りを満喫した記憶が生々しい。大げさに言えば、遠州はどこへ行っても茶畑が続く。

　今回最初に訪ねた「可睡斎《かすいさい》」は袋井の市街地から四キロ弱の地にあった。ここは曹洞宗の寺で萬松《ばんしょう》山《ざん》可睡斎を寺号とし、徳川家康の言葉により、のちに東陽軒から改名したという。

可睡斎への道標

可睡斎総門

三尺坊様御真殿

更に可睡斎の名前には伝承がある。家康は幼い頃、この寺の十一代住職仙麟等膳《せんりんとうぜん》の保護を受けていた。後に浜松城の城主となった家康は等膳を城に招いた折、彼が席上で居眠りをしてしまった。側近から無礼なりとの声があったが、家康は「和尚、睡《ねむ》る可《べし》」と言ったという。

応永八年（一四〇一）の創建で、後に明治六年、秋葉山秋葉寺《しゅうようじ》から火防の神様（三尺坊大権現）が移され、その後、秋葉信仰の総本山となった。つまり、三尺坊大権現は火防の霊場なのである。

本堂奥の御真殿に三尺坊御真躰が祀られ、周囲の壁には数々の異なった天狗の面が掲げられている。石段下の狛犬の位置には一対の烏天狗が睨みを利かせている。

次に訪ねたのは可睡斎から四キロほど離れた医王山油山寺《ゆさんじ》。大宝元年（七〇一）、行基が薬師如来を奉納、開山されたという真言宗の古刹である。

可睡斎を出て最初の十字路に油山寺への矢印があり、そこで左折して道なりに進む。緩やかな丘を上り下りして西之谷、村松西を過ぎて、左手にどこか場違いなホテルと製茶工場がある。その先の丁字路を左へ曲がると、はるか彼方に石段と山門が見えてくる。

開山以来千余年、眼の守護、眼病平癒のみ仏として信仰されている。守護神として祀ら

油山寺の石段と山門

れている軍善坊大権現は足腰の神として本堂左側に祀られている。深山幽谷、紅葉の美しい十五万坪と言われる境内には国指定重要文化財の三重塔がある。建久元年（一一九〇）、源頼朝公が眼病全快のお礼に建立されたという。桃山期の三名塔の一つに数えられている（註：他の二塔は滋賀県の長命寺と京都府の宝積寺）。

この寺の正面山門は元掛川城の大手門で万治二年（一六五九）に造られ、明治維新後、寄進、移築されたものである。

公共の交通手段はなく、最寄りの鉄道駅はＪＲ袋井駅で約五・七キロの道程である。平坦な道で車の往来は少なく、初冬の淡い日差しを背に、茶畑を過ぎ、人の姿も見ず

油山寺三重塔

油山寺山門（掛川城大手門より移築）

に一時間余りをかけて袋井の市街地に入った。

袋井から掛川までは二駅、普通電車で十分である。宿泊は駅前通りのビジネスホテルである。

翌朝、ホテルで食事を済ましてチェックアウト。掛川が始発駅の天竜浜名湖鉄道の気動車に乗る。目的地は九駅目の遠《えん》州森《しゅうもり》である。

ここは周智《しゅうち》郡森町で、僕が行くのは曹洞宗の橘谷山大洞院というお寺と小國神社で、駅から大洞院までが約四キロ、そこから小國神社までが約四・五キロの距離だが、神社から最寄りの駅、遠江《とおとうみ》一宮《いちのみや》への公共の交通機関はないようである。ここも約四キロで歩くしかない。

駅から地図通りに歩き、直ぐに太田川沿いの道に出る。森川橋から慶長橋までは土手上を行く。やがて見易い道路標識が大洞院への矢印を示す。土手から下りて左折する。秋葉街道というらしい。

曲がって直ぐに天宮《あめのみや》神社がある。この社の祭神は三柱の女神であるのも珍しい。故事来歴の記された立て札によると、
この三柱の神は、天照大神と弟の建速須佐之男命とが天の安河で誓約のとき誕生された。三柱の神を宗像大神と称し別名「道主貴」すなわち「最高の道の神」と申しあげる（古事記、日本書紀に縒る）道の神、陸海交通安全の神として神威あらたかで人々の崇敬が高い。

とある。長い石段の奥にこぢんまりとした本殿があった。

天宮の集落を経て平坦な道を進むと、平地や丘の傾斜を利用して茶畑が目立つ。遠州森の茶であろう。

大きな「大洞院参道」の石塔を見て田んぼの中を行くわき道へ左折する。緩やかな坂道にかかり、一キロほど行くと大洞院の入口に達する。参道が往復に分けられていて大型バスが回れる駐車場もある。

天竜浜名湖鉄道遠州森駅

天宮神社

茶畑

大洞院参道の石塔

その脇に人だかりがあった。侠客「森の石松」の墓である。その先に寺の境内があって、本堂を背景に見事な紅葉の下では参詣者がそこここで写真を撮っている。

「大洞院略縁起」によると、

応永一八年（一四一一）恕仲天誾禅師《じょちゅうてんぎんぜんし》は観音菩薩の教示により、初めてこの地に錫を留めますと、時の将軍足利義持公は禅師の高徳を慕い帰依して、自らその荘園とその境内の地とを寄贈し、禅師の為に一大梵刹を創建し、これを橘谷山大洞院と号した。以来数百年大洞院の門風ますます栄え、今や大本山総持寺の御直末で全国に末寺三四〇〇ヶ寺の総本山であり、曹洞宗屈指の名刹であります。

この寺は伝説の寺と言われ、いろいろな言い伝えが信じられている。「秋葉のみかげ井戸」は井戸の中を覗くと余命がわかると言われ、「消えずの灯明」は開山以来消えていない灯明からとった火で、正月三が日のみ餅焼きの行事が行われ、この餅を食べることにより一年の無病息災を祈願するなどがある。その他に「代継ぎのすりこぎ」「結界の砂」「千手観音の霊験」などがある。

大洞院

この寺に侠客森の石松の墓があるわけが、寺の案内書に次のように書かれている。

愛知県三河の生まれ、元は代々庄屋もつとめた事のある家柄であったが、石松の父の代に家は没落し父親は幼い石松を連れ遠州森村に流れて来た。ある日、神社祭礼の日石松は雑踏の中で迷子になってしまったが、この頃、秋葉街道一帯に縄張りを持ち、遠近に侠名をはせた森の五郎親分に救われ、そのまま少年時代を五郎親分宅で過ごした。月日が流れ大人になった石松は五郎親分の世話で清水次郎長の子分となった。

次郎長親分に可愛がられた石松は、次郎長の代参として四国金比羅参りに出かけ、その帰りの途次に都田村（現浜松市）の都鳥吉兵衛兄弟にだまし討ちに遭い悲惨な最期を遂げた。万延元年（一八六〇）六月十七日の事であった。

石松は、正直で単純な性格であったが、正義を尊び、不義背徳を恨み、横暴な権力に反抗し、常に弱者の味方であった。当時の侠客社会において稀にみる快男児であったと云われる。

境内には石松の墓と清水次郎長の碑があり、石松の墓は、今なお多くの人達に削られ、現在の墓は三回建て直され一度修理したものである。

バスで団体客が去ると墓の周りの人影はまばらで、会話を聞いていると、石松の知名度が昔ほどにないことがわかる。僕らにとっては一種のヒーローであったのだが……。

（左）森の石松墓　（右）清水の次郎長碑

削られた石松の最初の墓

大洞院を出て小國神社へ向かう。公園の中を歩いているような、静かな田舎道である。一キロほどをゆっくり歩いていると、後ろから声を掛けられた。振り向くと、僕と同じような年恰好で、同じような服装の小柄な人で、「一人歩きですか?」と遠慮がちに尋ねる。その旨を答え、「小國神社へ行こうと思っています」とも言うと、

「私は八十を回って、お天気だと一人でこの辺りを歩いています」

問わず語りに、

「家内を亡くし、一人歩きが唯一の楽しみなのです……」

これには僕も参った。僕とあまりにも境遇が似ているのだ。だから僕も八十二であることと、カミさんが六年前に逝ってしまって一人暮らしで、一人歩きにはまっていることを告げた。

彼は自宅から車で森町まで来て一キロほど下の駐車場まで帰るのだそうで、次の分かれ道で別れることになった。小國神社までの道を詳しく教えて頂いた。近くのゴルフ場を抜ける道が地図には書かれていたが、それよりも迂回した方がよいとのアドバイスであった。

「縁があったらまたお会いしましょう」と別れた。

何ヶ所か目印になる場所があったが、シェ・モーンというレストランは休業中だった。ここは森山焼の陶房でもあるらしく、窯の道具などが見られた。入口のベンチで靴を履き

替えたりして小休止ができた。

再び歩き出して、神社の手前の上り坂にかかった時、車のクラクションを聞いた。先ほど別れた八十一歳が運転している車だ。「ご一緒してよいですか?」と言って便乗を促される。神社は眼と鼻の先で、駐車場に到着した。

「小國神社から先をどうされるのか心配で来てみました」

この地は何度も来ているらしく、境内を案内して頂く。

小國神社は欽明天皇十六(五五五)の創祀と言われる遠州きっての古社で、遠州一之宮である。境内には勅使参道が今なお往時のまま残っており、両側の杉の木は樹齢数百年と言われる大樹である。今が盛りの紅葉を楽しむ人の群れが絶えない。

結局、七キロほど離れた天浜線の遠江一宮駅まで乗せて頂くことになった。彼はSさんといい、昭和四年生まれ、浜松市の三方原に一人で住む。電車を待つ間、話せば話すほど共通点が多く、名残は尽きなかった。

帰路は掛川に出ず、天浜線で西鹿島まで行き、遠州鉄道に乗り換えて浜松を経て新幹線に乗った。二泊三日の小さな旅は遅い紅葉とSさんとの出会いがあった、今年最後の旅であった。

小國神社

白河から須賀川へ桜を追って

二〇一〇年八月に奥州街道を白河で中断した。江戸から白河までが五街道の一つである奥州街道として幕府の道中奉行管理下にあったから、一応、白河で終了したとも言える。これより先、青森・三厩《みんまや》への道は仙台・松前道と言われているが、二〇一一年三月に東日本大震災が起こり、白河以北への旅は中断のままで歳月だけが流れてしまった。

今年に入って何とか続けたいと願っていたが、二月以来の異常気象、なかんずく気温変化の激しさに応じられず、関東の桜も平年より十日も早く咲き、四月早々に散ってしまった。十五日に出された「暫時安定」という予報を真に受けて、十六日朝、新幹線やまびこ207号で白河へ向かった。

心秘かに願っていた桜前線の追っかけにはジャストインタイムで、小峰城は満開の桜に埋まるように囲まれていた。快晴で気温も二〇度に近い。前回の旅の終わりに立ち寄って、この端麗ともいえる小峰城の内外をゆっくりと巡ったので、今回は遠目に眺め、駅前のそば屋（ここは前回も立ち寄って二度目だが、旨い会津そばと心地よいもてなしに満足した）で昼食に会津そばを食べて、街道歩きの道についた。半日でどこまで行けるか。

小峰城遠望

小峰城石垣の桜

まず国道294号線に入り、田町大橋で阿武隈川を渡る。道の左側に高岳山聯芳寺《れんぽうじ》があり、満開の大きな桜の木が目を奪う。道は丁字路で国道4号線でもある奥州街道に続くが、その少し手前左に更に大きな桜の木が日の光を遮る。そこに石段と囲いがあって「仙台藩戊辰戦没之碑」が建つ。この辺りを女石《おんないし》といい、白河口の戦いで激戦地となったという。百五十余人の仙台藩士が戦死してここに葬られている。

街道を右折して萱根の集落を通ると、左手に「安珍之里」の碑と墓がある。娘道成寺の安珍、清姫の僧安珍の出生地だそうである。真新しい白木のお堂は人影もなく、閉ざされていた。

仙台藩戊辰戦没之碑

「安珍之里」の碑

街道至る所に満開の桜が待ち受ける。街道に歩道がなくなり、路肩を歩くことが多くなる。

やがて「泉崎村《いずみざき》」の案内表示をくぐり、街道が大きく左右に蛇行する地点の手前で右の間道へ入る。長閑な農道で、前方に長い桜並木が見え、泉崎村役場や小学校などを過ぎて無人のJR泉崎駅前に出た。この町にホテルや旅館は見当たらない。芭蕉が「風流の初めや奥の田植唄」と詠んだのはこの辺りだろうか。

電車で須賀川《すかがわ》へ出るか白河へ戻るか思案したが、上りは十分後、下りは五十分後なので、白河へ戻って一泊することを決めた。前回も泊まったことのあるホテルに泊まる。「バリアフリーの部屋」のみ空きがあり、一階の角部屋を確保する。晩飯は近所のめし屋、残念ながらあまりお薦めはできない。この日は二万四千百八十歩、一五・七一キロであった。

翌朝、ホテルで朝飯。おにぎり二個と味噌汁、コーヒー。

電車で矢吹まで行き、前日の続きを歩く。意外なことに矢吹の駅前に立派なホテルが並んでいたのには驚いた。ここにも満開の桜が多い。それも相当の年を経た大木である。都会であれば何某と名の付く名木であろう。それがあっちにもこっちにもあるのがすごい。福島が桜の名所とはあまり知られていないだろう。東京から二〇五キロの表示を見る。

泉崎村の桜並木

街道沿いの桜（東京から205㎞地点）

街道は国道になっているものの歩道が途切れ途切れになるので対面通行を心がけるが、大型車両とすれ違うのは恐ろしい。風圧で帽子を飛ばしかねない。

そんな道を鏡石町に入り、久来石《きゅうらいし》で国道から右へ外れる。熊野神社の前を通ると、左手に桜の古木が五、六本囲まれた一画があった。枝垂れ桜も交じる桜の大木群に野鳥のさえずりもしきりであった。

熊野神社の枝垂れ桜

やがて、街道両側に住宅が並び、大都市郊外の住宅地の様相になるが、桜の木は絶えない。

十字路の一角に「笠地蔵」の小さなお堂があった。地蔵は文化財で明暦四年（一六五八）のもので、そのお堂の脇には文化財の板碑もあり、板碑には文和三年（一三五四）の文字が刻まれているのが読み取れた。板碑と共に並ぶ多数の石碑や馬頭観音、庚申塔が東日本大震災で倒れたまま、無残な姿を曝していた。

鏡石町の笠地蔵

文和３年の板碑

次の十字路には町役場があり、その一部の公園にも見事な桜の大木が満開の花を添えていた。

同じ道筋に古刹があり、真言宗の若宮山無量院西光寺といい、永禄年間の開山で本尊は阿弥陀如来木仏だという。居並ぶ八基の石仏はいずれも長い年月を経たものの容貌を呈していた。この石仏達は幸いにも倒れずに済んだようである。

街を突き抜けるようにして直進する街道は再び国道4号線に合流。一里坦《いちりだん》で県道と交差してなお進むと、左手に大きな旭ヶ岡公園がある。須賀川市内に入り、大黒町の交差点を越え、釈迦堂川を渡る。土手に満開の桜が並ぶ。

須賀川の駅は大正時代風の白河駅とは対照的に極めてモダン、現代的であった。この日は二万五千二百七十七歩、一六・四二キロであった。

結局、白河—須賀川間の街道ぶらり歩きは「桜を追って」の副題が付きそうな旅となった。

鏡石町役場の桜

西光寺の桜

西光寺の石仏

〔コラム〕重要伝統的建造物群保存地区

「昭和五〇年の文化財保護法の改正によって伝統的建造物群保存地区の制度が発足し，城下町、宿場町、門前町など全国各地に残る歴史的な集落・町並みの保存が図られるようになりました。市町村は、伝統的建造物群保存地区を決定し、地区内の保存事業を計画的に進めるため、保存条例に基づき保存計画を定めます。国は市町村からの申出を受けて、我が国にとって価値が高いと判断したものを重要伝統的建造物群保存地区に選定します」

（文化庁ＨＰ）

僕が歩いた街道の宿場町には大内宿（福島）、奈良井宿（長野）、木曽平沢宿（長野）、海野宿（長野）、妻籠宿（長野）、関宿（三重）などがあった。

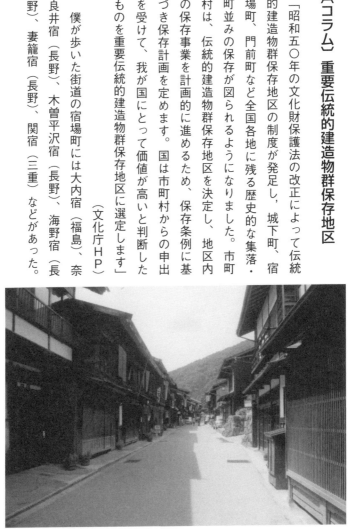

〔コラム〕雷電為右衛門

江戸時代の「史上最強」と言われた力士で、信濃国小県《ちいさがた》郡大石村（現長野県東御市）に生家がある。一七九〇年初土俵、五年で大関、二十一年間で二百八十五戦二百五十四勝という。北国街道海野宿に近い東御市役所前庭に銅像がある。

あとがき

長いサラリーマン生活を終えて古稀を迎え、二〇〇二年四月一日、脳梗塞を告げられ、エープリルフールだとしてもあまりのことと自嘲したものの、幸いにも四週間の入院で復活した。

すでに通っていたスポーツクラブのプールでリハビリに励みながら、毎日の新聞に次々に現れる旅の広告に心を奪われていた時、ふと思いついたのが自作の旅、つまり自分で作り出す一人旅だった。

まず思いついたのが、東海道五十三次。歩いて行こうと決めた。だが、この頃にカミさんが病み、急遽計画を変更し、坂東三十三ヶ所巡りで快癒を祈る旅となった。しかしながら札所巡りの終盤近くなって鎮魂の旅になってしまった。

坂東三十三札所は関東一円、一都八県にまたがっていたが、東海道五十三次では初めて東海道の箱根を越え、三島で駿河に入った。今、考えると何ともおぼつかぬ一人旅であったが、大津から逢坂峠を越え、東山の坂上から京の町並みを見た時は一瞬にして苦労を忘れていた。

中山道の長旅も一日とて忘れ得ない。そして甲州、日光と五街道を歩き終えても一人歩きの楽しさは尽きない。

僕は仕事の関係で海外出張が多く、二十年以上関わったドイツには五年間カミさんと住み、退職後は永住しようとさえ思ったことがある。二十万キロ余も車で走り回り、多くの人達と友人知己となって暮らした土地だった。

カミさんが逝ってしまった時は報告と鎮魂を兼ねて、旧大家宅の屋根裏に滞在したこともあった。横浜の我が家に戻り、日が経つと〝懐かしさ〟だけを残して過去の日々、思い出の年月としてのみとなった。

ただ、街道一人歩きをしていると、時々思いがけないところで、ふとドイツを思い出すことがある。木曽の山奥の小さな村の小学校で、午後三時のチャイムで「エーデルワイス」の曲が流れてきた時は思わず足が止まった。ドイツ南部、黒い森（シュワルツワルト）の小径を思い出したからだ。

街道ぶらり歩きのもう一つの楽しみは神社や古刹、古色に満ちた宿などへの寄り道である。僕は所謂グルメではないので、地方での食生活にはあまり関心がないが、名の知れぬ古刹や野仏、馬頭観音の類に出合う楽しさがある。名所古跡は無論立ち寄るが、伝説的な、地方民話的な場所に興味を惹かれる。安達ケ原の「鬼婆の岩屋」とかである。

僕は未だ民話のふるさとと言われる遠野を訪ねる機会がないが、名高い「ざしきわらし」に憧れているから、街道筋の古い旅籠《はたご》に泊まると何故かワクワクする。

木曽路では相客もいないのに風呂を沸かして下さった上に薬草の蒸し風呂まで用意して頂いたことがあった。また、夜中のトイレは怖かったが、そこにはモダンなウォッシュレットが付いていて、ボットン式とは隔世の感さえあった。

鍵のかかった森の石松の墓を見たり、小原庄助の徳利型の墓を拝んだり、高貴なお方や有名人の墳墓にも出合う機会も多い。

この先、いつまで続けることができるかわからないが、「まえがき」にも記した通り、僕は街道ぶらり歩きの集大成として「奥の細道」を選んだ。芭蕉は四十歳少々の旅であったが、僕は九十歳。野宿こそできないが、のみ、しらみに悩まされないビジネスホテルを当てに歩き出してしまった。

平成三十一年　　　　笠松　治良

著者プロフィール

笠松 治良（かさまつ じろう）

本名　笠松二郎
東京都出身。昭和 3 年 11 月 17 日生まれ
東京工業大学専門部航空機科を経て、パンアメリカン航空会社で日本韓国地区貨物本部長を、また同代理店のインターナショナルエクスプレスでは海外担当常務取締役を務めた
平成 7 年定年退職
横浜スポーツクラブ（YSC）会員
神奈川県横浜市在住

【既刊書】
『東海道ぶらり歩き　―読む地図―』（2007 年 5 月刊）
『中山道ぶらり歩き　―読む地図―』（2009 年 1 月刊）

街道ぶらり歩き　読む地図

2019年 3 月15日　初版第 1 刷発行

著　者　笠松 治良
発行者　瓜谷 綱延
発行所　株式会社文芸社
〒160-0022　東京都新宿区新宿1－10－1
電話　03-5369-3060（代表）
03-5369-2299（販売）

印刷所　株式会社フクイン

ISBN978-4-286-19978-8